高等职业教育"十三五"规划新形态教材

大学生职业生涯规划
（职业素养与能力篇）

主　编　袁　敏
副主编　高亚军　李　晟
参　编　闫雪梅　马瑞芳　李缪美
　　　　卢　慧　刘桂英　王　丁

北京理工大学出版社
BEIJING INSTITUTE OF TECHNOLOGY PRESS

版权专有　侵权必究

图书在版编目（CIP）数据

大学生职业生涯规划. 职业素养与能力篇 / 袁敏主编. —北京：北京理工大学出版社，2020.1（2021.1重印）

ISBN 978-7-5682-8040-2

Ⅰ.①大…　Ⅱ.①袁…　Ⅲ.①大学生-职业选择-高等学校-教材　Ⅳ.①G647.38

中国版本图书馆CIP数据核字（2019）第290672号

出版发行 / 北京理工大学出版社有限责任公司	
社　　址 / 北京市海淀区中关村南大街5号	
邮　　编 / 100081	
电　　话 /（010）68914775（总编室）	
（010）82562903（教材售后服务热线）	
（010）68948351（其他图书服务热线）	
网　　址 / http：//www.bitpress.com.cn	
经　　销 / 全国各地新华书店	
印　　刷 / 三河市天利华印刷装订有限公司	
开　　本 / 787毫米×1092毫米　1/16	
印　　张 / 11	责任编辑 / 李慧智
字　　数 / 262千字	文案编辑 / 李慧智
版　　次 / 2020年1月第1版　2021年1月第2次印刷	责任校对 / 周瑞红
定　　价 / 29.80元	责任印制 / 施胜娟

图书出现印装质量问题，请拨打售后服务热线，本社负责调换

Preface 前言

在社会就业竞争日趋激烈的形势下，高校开展职业生涯规划课程是具有重要意义和作用的。大学期间开展职业生涯规划教育不仅有助于大学生认识自己、了解社会，激发起他们学习的积极性和主动性，而且能够促使大学生设定明确的人生目标和职业目标，以此激发他们注重综合能力的培养，从而有效提高就业竞争力。

职业生涯规划的相关理论是从西方悄然兴起的，20世纪90年代由欧美国家传入中国。职业生涯规划结合时代特点，既体现了个人对自身能力、爱好、特长、不足等主观条件的综合分析，又显示了工作环境、工作性质等客观条件对规划者的限制，所以作为人力资源管理理论的重要内容之一，职业生涯规划相关理论越来越得到各大企业的热情关注，同时在高校大学生就业指导中获得认可。

在大学，尤其是高等职业院校中，我们培养的目标是行业中技术技能型的人才，专业技能的教育和培养受到高度的重视。然而，我们发现，有很大一批在学校成绩良好的学生不论是从求职还是从职场发展来看都不尽如人意。究其成因，大多恰恰是由于身份转型期的角色定位没有完成而造成的。习惯于单纯的校园环境、以完成学业要求和追求个性张扬为目的的大学生根本不能应对复杂的职业环境。通过对近几年的学生就业情况和用人单位招聘条件分析可以看出，职业化员工的核心素养，如敬业、主动、责任心、执行力等，以及几种重要职业能力，如有效沟通能力、团队协作能力、解决问题能力、创新能力等，乃至于对职场礼仪与职场文化的了解等非专业素养与能力成为用人单位招聘员工的前提，成为求职与就业的必备因素，也成为职业能力的重要组成部分。

而求职状况不理想的核心原因是大学生对身份转换这一环节教育的缺失。任何人都在不同的时期扮演着不同的社会角色，都会经历角色转变阶段。也就是说，人们伴随着身份角色和社会位置的变化，必然会发生思想观念与行为模式的转变。能否迅速地了解社会的需求，并以此为标准完成个人社会角色的转变，是一个人能否成功的重要前提。对于即将步入社会的大学生来说，面对角色的转变，他们必须加强职业素养的培养，提高职业能力。在大学期间职业能力的提高对毕业生迈出职业生涯的坚实一步有着重要作用。

鉴于此，作者根据高等职业教育的教学特点与规律，针对高职学生和院校课程设置的实际情况，继《大学生职业生涯规划》第一部分"生涯规划篇"之后，完成了本书的第二部分"职业素养与能力篇"。旨在通过编写，给学生提供一本既可以与课堂教学紧密结合，又可以作为课余时间开拓知识面、了解职业与行业特点的书籍；给教师提供一本内容充实、教学资源充足的教学参考书籍，力求做到适用、够用、好用。

本教材针对大学中后期阶段学生的外部条件，有针对性地设置与之相适应的课程内容，伴随着学生的整个学校生涯。第一部分主要针对刚入校的大学生，重点内容为职业生涯规划的形成；第二部分主要针对大二、大三的学生，侧重点为职业意识、职业能力、职业素养的形成；第三部分针对毕业生，重点为就业指导及自主创业。三个部分各有侧重，又相互衔接，与学生成长紧密相连。

针对现用教材以理论讲述为主，重讲解、轻实训的问题，本书特设"实训项目"栏目，结合各章讲述的内容，系统地设计与教学过程紧密结合的实训内容。"实训项目"具体设置以下内容："目的及要求"——使实训目标明确，重在提高学生参与的信心；"项目背景"——着重于知识间的相互联系及现实意义，着眼于拓展思路、形成知识体系的能力；"训练步骤"——对学生具体操作的指导，通过分步骤地层层引导，将繁难的训练分解为各个可行的小任务，便于学生操作。同时，各章节的实训内容相互联系，可以作为学生职业生涯认知成长的记录，为相关课程的学习提供帮助，如学习管理、成长计划等。内容充实，体系完善，与大学生职业生涯紧密相关是本书的特点。各章节内容与学生在校生活情境在时间点上吻合，能使学生全面了解职业生涯规划的相关知识，掌握人力资源管理的相关知识，同时学会自我管理，全面提高整体素质。本书用详尽的内容体系为教师教学提供优质的资源，便于教师教学、管理。每章设"心灵咖啡""案例链接"等小栏目，使书的形式活泼，吸引读者。"心灵咖啡"引入寓意丰富的小故事，增加了书的可读性；"案例链接"把鲜活的生活实例与简练到位的理论指导相结合，切合学生实际，增强了书的实用性。

本书由西安职业技术学院基础部职业生涯规划课程组全体成员编写。袁敏任主编，高亚军、李晟任副主编，闫雪梅、马瑞芳、李缪美、卢慧、刘桂英、王丁等参与编写。在编写的过程中，各部门、各位领导给予了大力支持，对此我们表示由衷的谢意。我们也借鉴了一些专家、学者的观点，援引了一些教材和网上的素材，在此也一并表示感谢与敬意。

由于大学生职业规划课程还处于探索阶段，也由于我们编写时间较紧，所以在编写中难免会有一些局限性，会有一些不尽如人意的地方，恳请广大读者提出宝贵意见，恳请专家学者给予批评指正，我们将不断努力提高、改进。

编　者

Contents 目录

第一章 职业化素养 ... 1

第一节 职业化素养概述 ... 2
一、职业化 ... 2
二、职业化素养 ... 6

第二节 诚信 ... 10
一、诚信的含义 ... 10
二、诚信的基本要求 ... 11
三、诚信的基本内容 ... 12
四、职场中培养诚信品质的几点建议 ... 13

第三节 敬业 ... 16
一、敬业的含义 ... 16
二、敬业精神的基本要求 ... 16
三、敬业的基本内容 ... 17
四、敬业精神的训练培养 ... 18

第四节 坚持 ... 19
一、坚持的含义 ... 20
二、坚持的内涵 ... 20
三、坚持的重要性 ... 21
四、如何培养坚持的品质 ... 23

第五节 责任 ... 24
一、责任的含义 ... 24
二、责任的基本要求 ... 24
三、责任的基本内容 ... 25
四、工作责任训练原则 ... 26

第六节 主动 ... 29

一、主动的含义 29
　　二、主动的基本内涵 29
　　三、主动的基本要求 31
　　四、积极主动工作的重要性 32
　　五、树立主动观念的几点建议 34
第七节 服务 35
　　一、服务的含义 35
　　二、服务的基本要求 35
　　三、服务意识的基本内容 37
　　四、造就优质服务的几点建议 37

第二章 职业能力概况 41
第一节 职业能力 42
　　一、职业能力的概念 43
　　二、能力与职业的关系 44
　　三、职业能力的重要性 45
　　四、大学生职业能力的培养方法 46
　　五、大学生加强职业能力培养的重要性 47
第二节 职业素质 48
　　一、职业素质的概念 48
　　二、职场从业人员必备的能力素质 49
　　三、提高职业素质的意义 51
　　四、树立正确的职业价值观 51
　　五、正确择业 52
第三节 就业形势概况 59
　　一、就业形势展望 59
　　二、当前就业形势的有利和不利因素 59
　　三、大学生就业存在的主要问题 62

第三章 职业能力的塑造 67
第一节 综合职业能力的培养 69
　　一、现代人才职业能力的多重内涵 69
　　二、职业岗位对职业能力的要求 70
　　三、职业核心能力的基本认识 72
第二节 现代人才应具备的基本职业能力——情绪管理 75
　　一、情绪概述 75

二、情绪管理的重要性 …………………………………………… 77
　　三、情绪管理能力的培养 ………………………………………… 79
第三节　现代人才应具备的基本职业能力——团队协作 ……………… 81
　　一、团队协作的内涵 ……………………………………………… 81
　　二、团队协作能力的重要性 ……………………………………… 82
　　三、团队协作的原则 ……………………………………………… 83
　　四、团队协作精神的培养 ………………………………………… 86
第四节　现代人才应具备的基本职业能力——解决问题 ……………… 88
　　一、解决问题的概述 ……………………………………………… 88
　　二、解决问题能力的体现 ………………………………………… 89
　　三、解决问题能力的培养 ………………………………………… 91
第五节　现代人才应具备的基本职业能力——压力管理 ……………… 96
　　一、压力概述 ……………………………………………………… 96
　　二、压力管理 ……………………………………………………… 100
　　三、压力管理能力的培养 ………………………………………… 103
第六节　现代人才应具备的基本职业能力——有效沟通 ……………… 108
　　一、沟通的内涵 …………………………………………………… 108
　　二、有效沟通的重要性 …………………………………………… 110
　　三、如何进行有效的沟通 ………………………………………… 113
第七节　现代人才应具备的基本职业能力——信息处理 ……………… 118
　　一、信息能力的内涵 ……………………………………………… 118
　　二、信息处理能力的重要性 ……………………………………… 119
　　三、信息处理能力的作用 ………………………………………… 120
　　四、职场中信息处理能力的培养 ………………………………… 121

第四章　职业礼仪　125

第一节　大学生学习礼仪的重要性 …………………………………… 126
　　一、礼仪的含义和重要性 ………………………………………… 126
　　二、礼仪的功能 …………………………………………………… 129
　　三、培养礼仪修养的途径 ………………………………………… 130
　　四、礼仪的原则 …………………………………………………… 131

第二节　职业礼仪 ……………………………………………………… 133
　　一、职业礼仪的内涵 ……………………………………………… 133
　　二、职业礼仪的作用 ……………………………………………… 133
　　三、职场基本礼仪规范 …………………………………………… 134

第三节　职业交往礼仪 …………………………………………… 144
　　一、见面礼仪 …………………………………………………… 144
　　二、位次礼仪 …………………………………………………… 149
　　三、往来礼仪 …………………………………………………… 152
第四节　办公室礼仪 ………………………………………………… 156
　　一、办公环境礼仪 ……………………………………………… 156
　　二、办公室公务礼仪 …………………………………………… 157
　　三、办公室个人礼仪 …………………………………………… 160

第一章

职业化素养

> **心灵咖啡**

"信义兄弟"的故事

湖北武汉黄陂区的孙水林生前为黄陂在北京的一家建筑公司项目经理，其弟孙东林为黄陂在天津的一家建筑公司的项目经理。2010年2月10日，孙水林为抢在大雪封路前给已回武汉的农民工发放工资，筹集26万元连夜驾车回黄陂，一家五口不幸在南兰高速公路兰考段因重大车祸而遇难。为完成哥哥在农历腊月三十日前结清农民工工资的遗愿，腊月二十九，两天未合眼、没吃饭的孙东林赶回黄陂家中，通知民工上门领钱。因为哥哥离世后，账单多已不在，孙东林让民工们凭着良心领工钱，大家说多少钱，就给多少钱！钱不够，孙东林就添上了自己的6.6万元和母亲的1万元。就这样，在春节来临之前，他将筹集的33.6万元工资，全额发放到60多名农民工手中，孙东林如释重负。

兄弟俩的诚信之举深深打动了全中国的人。孙东林20年来坚守"新年不欠旧年账，今生不欠来生债"的承诺在网上广为传播，这兄弟俩被人们称为"信义兄弟"。武汉市市长阮成发批示："孙氏兄弟事迹感人。这就是典型的武汉人，信义、守诺、豪气，我为这样的武汉人而自豪。"

"信义兄弟"用义举告诉我们什么是诚信，什么是责任，什么是良知，什么是值得我们一生坚守和尊敬的职业化素养。

第一节　职业化素养概述

一、职业化

（一）什么是"职业化"

职业化（professionalization），简单地说就是一种工作状态的标准化、规范化、制度化，即在合适的时间、合适的场合，用合适的方式，说合适的话，做合适的事，使员工在知识、技能、观念、思维、态度、心理上符合职业规范和标准。具体包括：职业化素养、职业化行为规范和职业化技能三部分内容。

以国际通行的概念分析，职业化的内涵至少包括四个方面：

第一，以"人事相宜"为追求，优化人们的职业资质；

第二，以"胜任愉快"为目标，保持人们的职业体能；

第三，以"创造绩效"为主导，开发人们的职业意识；

第四，以"适应市场"为基点，提高人们的职业道德。

职业化是一个人在职业生涯中的价值观、态度和行为规范的总和。我们也可以把它看作是一种精神、一种态度，甚至是一套行为准则。这种精神常常透露着对事业的尊重与热爱；这种态度每每体现出对团队的忠诚和对卓越的追求；这种对行为准则的严格遵守时时展现出一个人的职业化素养和职业化水准。

职业化有很多外在的素质表现，比如着装、形象、礼仪礼节等，也有很多内在的意识要求，诸如，思考问题的模式、心智模式、道德标准等。

如果将整个职业化过程比喻成大树，那么它的体系呈现为一种"树形"结构，最重要的"根部"就是职业化的理念和心态，"树干部分"是职业化的方法和技能以及有关的工具，"枝叶部分"则是职业化的形象和礼仪。现在我们通过一个模型，可以更清楚地了解。图1-1为企业全员职业化成长"六维修炼模型树"。

修炼一　职业化工作理念的建立
修炼二　职业化工作心态的养成
修炼三　职业化工作行为的塑造
修炼四　职业化工作技能的提升
修炼五　职业化工作形象的塑造
修炼六　职业化工作素养的完善

果实：职业化素养
树叶：职业化形象
树枝：职业化技能
树干：职业化行为
土壤：职业化心态
树根：职业化理念

图1-1　企业全员职业化成长"六维修炼模型树"

不能用"关键点"的方式去看待职业化，而应该"系统化"地将职业化包括的各部分内容，根据内部结构层次进行梳理并清晰地展现出来。

具体来说，一个职业人应该呈现出以下状态：

理念和心态，包括积极主动、永不放弃的精神，以及责任心、自信心、进取心、团队精神、敬业精神、创新精神、规范意识、服务意识等。

方法和技能，包括目标管理、时间管理、科学工作、有效沟通、关系管理、压力管理、会议管理、商务演讲、商务写作等。

形象和礼仪，包括各种商务场合应该表现出来的专业形象和礼仪。

总而言之，职业化是现代化过程中的必然产物，其主要目的是提高劳动生产率，保证企业工作的品质达到一定的标准。如果说企业是一架飞机的话,那么企业的职业化程度如同这架飞机的发动机,决定了它可以飞多远、飞多高、飞多快。

可以说,职业化是企业发展的核心竞争力。一个职业化程度高的员工,他必将成为一个优秀的员工;一个团体职业化程度高的企业,它必将成为社会尊重的企业。

(二)职业化的作用

职业化的作用体现于工作价值,工作价值等于个人能力和职业化程度的乘积,职业化的程度与工作价值成正比,即:工作价值 = 个人能力 × 职业化程度。我们可以通过一个模型,看得更加清楚(图1-2)。

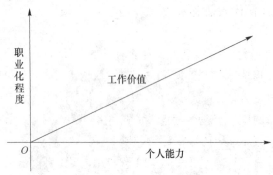

图1-2 工作价值模型图

如果一个人有100分的能力,而职业化的程度只有50%,那么其工作价值显然只发挥了一半。如果一个人的职业化程度很高,那么能力、价值就能够得到充分、稳定的发挥,而且是逐步上升的。如果一个人的能力比较强,却自觉发挥得很不理想,总有"怀才不遇"的感慨,那就很可能是由自身的职业化程度不够高造成的,这样就使得个人的工作价值大为降低。

(三)职业化的培养方向

职业化的培养方向主要体现在以下几个方面:

1. 规范职业化行为

当我们进入一家公司,对公司的评判,首先就是对公司员工所表现的行为规范的评判。通常,企业通过监督、激励、培训、示范来形成公司统一的员工行为规范。职业化行为规范更多体现在遵守行业和公司的行为规范上,包括职业化思想、职业化语言、职业化动作三个方面的内容。各个行业有各个行业的行为规范,每个企业有每个企业的行为规范,一个职业化程度高的员工,他能在进入某个行业的某个企业后较短时间内,严格按照行为规范来要求自己,使自己的思想、语言、行为符合自己的身份。

职业化行为规范更多地体现在做事情的章法上,而这些章法的来源:一是长期工作经验的积累,二是企业规章制度的要求,三是通过培训、学习而形成的。

2. 强化职业化技能

职业化技能是企业员工对工作的一种胜任能力，通俗地讲就是你有没有这个能力来完成这个工作任务，职业化技能大致包括两个方面的内容：

第一，职业资质。学历认证是最基础的职业资质，专科、本科、硕士、博士等，通常就是进入某个行业某个级别的通行证；然后是资格认证，资格认证是对某种专业化的东西的一种专业认证，比如会计，就必须拥有会计从业资格证、初级会计师资格证、注册会计师资格证等；做精算的，就要拥有精算师资格证书。学历认证和资格认证都是有证书的认证，但是在现实中，还有一种没有证书的认证，就是社会认证。社会认证通常就是你这个人在社会中的地位，比如你是某个行业著名的专家、学者，即便你没有证书认证，但是社会承认你，这就代表着你在这个行业、这个领域的资质。我们也把这种认证称为头衔认证。

第二，职业通用管理能力。每一个人，在企业中都不是一个独立的个体，而必须与上司、下属、同事等交往，形成一系列的关系链。在这些关系链中，必然就产生了向上级的工作汇报、向下级的任务分配，以及同事之间的沟通、协作与配合，同时，一个员工还必须对自己进行有效管理，包括时间的管理、心态的管理、突发事件的处理……这些通用的管理能力是你必须具备的能力。通用能力的高低，在某种程度上也决定着你的实际工作能力的高低，它与职业资质互为补充，形成员工的实际工作能力。可以这么说，一个职业资质和通用管理能力都比较高的员工，他的整体工作能力一定是较强的。

那么如何衡量一个人的职业化程度呢？职业化素养应该是最有效的判断标准。

案例链接

一个女孩正在向父亲发牢骚：为什么生活对我总是这么残忍？总是有这样或那样的问题！我再也无法忍受了！我要崩溃了！

女孩的父亲是个厨师，他什么也没说，一声不吭地带女儿进了厨房。他在三个锅里装满水，烧开，分别放进胡萝卜、鸡蛋和一勺咖啡豆。15分钟后，父亲把胡萝卜、鸡蛋和咖啡豆捞出放进三个碗里。

父亲这时转身问女儿："孩子，你看到了什么？"

"胡萝卜、鸡蛋，还有咖啡。"

父亲让女儿过来尝一尝：萝卜吃起来很软；鸡蛋剥了壳，里面原本液体的蛋黄蛋清凝结在一起；而咖啡的味道，香浓怡人。

"这是什么意思？"女孩问父亲。

"它们三个都经历了同样的挫折——沸腾的开水，但最终结果却完全不同：胡萝卜原本很坚硬，但一经煮沸，变得很软；鸡蛋很脆弱，薄薄的外壳保护着里面的液体，但一经煮沸，液体变得坚硬起来；最神奇的就是咖啡豆，经过开水的煮沸，它把水的味道改变了。"

"那么，你是哪一种呢？"父亲问道。

"当挫折降临的时候，你是胡萝卜、鸡蛋，还是咖啡豆？"

"你是一个看起来坚硬无比，但是遇到苦难和挫折就会败下阵来、柔弱不堪一击的胡萝卜，还是一个内心懦弱，遇到挫折才会变得坚强的鸡蛋？或者你是咖啡豆？当水（也就是给我们带来痛苦的苦难和挫折）开始沸腾的时候，咖啡豆刚好可以达到它最好的味道。水温最高的时候，也就是咖啡最香的时候。如果你是咖啡豆，即使环境变得很糟糕，你也可以保持你自己的最佳状态，并积极地影响周围的一切，给别人带来幸福和快乐。从现在开始，亲爱的，你准备如何面对挫折？像胡萝卜、像鸡蛋，还是像咖啡豆？"

这则案例提醒我们：在职业化过程中，我们可以培养能掌控的那一部分。我们可以充分利用今天，学会掌握自己，努力提升自我，做到事事尽力，为充分拓展职业的宽度与高度做好准备。是的，你无法选择环境，但你可以选择面对环境的态度。

二、职业化素养

（一）职业化素养的含义

职业化素养是个很广泛的概念，它是人类在社会活动中需要遵守的行为规范，是职业内在的要求，是一个人在职业过程中表现出来的综合品质。职业化素养具体量化表现为"职商"（英文 Career Quotient，简称 CQ），体现一个社会人在职场中成功的素养及智慧。

职业化素养从表现形式上分为两种：

（1）职业化显性素养（外在素养）：包括外在形象、知识结构和各种技能，等等。职业化显性素养属技能范畴的素养，是通过学习、培训比较容易获得，在实践运用中日渐成熟的。

（2）职业化隐性素养（内在素养）：包括职业道德、职业意识、职业态度。职业化隐性素养是职业化素养中最基础的部分。

影响和制约职业化素养的因素很多，主要包括：受教育程度、实践经验、社会环境、工作经历以及自身的一些基本情况（如身体状况等）。一般说来，劳动者能否顺利就业并取得成就，在很大程度上取决于本人的职业化素养，职业化素养越高的人，获得成功的机会就越多。职业化素养是人才选用的第一标准；职业化素养是职场制胜、事业成功的第一法宝。

职业化素养强调的是员工综合素质的内化。企业无法对员工职业化素养有强制性的约束力，职业化素养更多体现在员工的自律上，企业只能对所有员工的职业化素养进行培养和引导，帮助员工在良好的氛围下逐渐形成良好的职业化素养。

我们通过冰山模型，将个人职业化素养形象地加以说明。冰山模型是将人员个体素质的不同表现划分为表面的"冰山以上部分"和深藏的"冰山以下部分"。如图1-3所示。

"冰山以上部分"包括基本知识、基本技能，是外在表现，是容易了解与测量的部分，相对而言也比较容易通过培训来改变和发展；"冰山以下部分"包括职业态度、职业意识、职业精神和职业道德，是人内在的、难以测量的部分。它们不太容易通过外界的影响而得到改变，但对人员的行为与表现起着关键性的作用。

"能力素质模型冰山理论"认为，知识和技能只是浮在水面上的冰山一角，而职业态度、职业意识、职业精神和职业道德则是冰山的底部。事实上，冰山水下的部分就是人力资源经理经常所讲的人的潜质，越往冰山的底部，就越难察觉。能力素质模型有狭义和广义之分，狭义的能力素质模型仅包括冰山上面的部分，而广义的能力素质模型则既包括知识、技能等冰山上面的部分，也包括冰山下面的部分。驱动一个人取得良好绩效的不

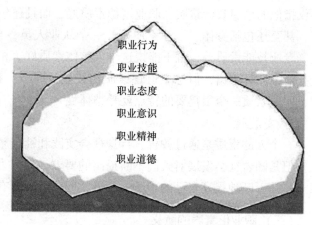

图1-3 职业化素养冰山模型图

仅是冰山下面的部分，具备必要的知识结构，掌握一定的职业技能也是必要条件。

能力素质模型可以解释支持企业家成功的往往不是知识与技能，而是隐藏在他们人格冰山下的那部分内容的事实，也可以解释学历不高的人能够获得良好的业绩，以及在企业里有很多高学历低能力的人存在的现象。

（二）职业化素养的基本特征

1. 职业性

职业化素养是一个人从事职业活动的基础，而且总是同职业联系在一起。不同的职业，对职业化素养的要求是不同的。对建筑工人的素质要求，不同于对护士的素质要求；对商业服务人员的素质要求，不同于对教师的素质要求。全国"三八红旗手"李素丽的职业化素养始终是和她作为一名优秀的售票员联系在一起的，正如她自己所说："如果我能把十米车厢、三尺票台当成为人民服务的岗位，实实在在去为社会做贡献，就能在服务中融入真情，为社会增添一份美好。即便有时自己有点烦心事，只要一上车，一见到乘客，就不烦了。"

2. 稳定性

一个人的职业化素养是在长期执业中日积月累形成的。它一旦形成，便产生相对的稳定性。当然，随着他继续学习、工作和受环境的影响，这种素质还可继续提高。这种稳定性是从业者做好本职工作的基本条件和保证。

3. 内在性

职业从业人员在长期的职业活动中，经过自己学习、认识和亲身体验，会知道怎样做是对的，怎样做是不对的。这样，有意识地内化、积淀和升华的这一心理品质，就是职业化素养的内在性。我们常说："把这件事交给小张师傅去做，有把握，让人放心。"人们之所以对他放心，就是因为他的内在素质好。

4. 整体性

一个从业人员的职业化素养是和他的整体素质有关的。我们说某某同志职业化素养好，

不仅指他的思想政治素质、职业道德素质好，而且还包括他的科学文化素质、专业技能素质好，甚至还包括身体、心理素质好。一个从业人员，虽然思想道德素质好，但科学文化素质、专业技能素质差，就不能说这个人整体素质好。相反，一个从业人员科学文化素质、专业技能素质都不错，但思想道德素质比较差，同样，我们也不能说这个人整体素质好。所以，职业素质一个很重要的特点就是整体性。

5. 发展性

一个人的素质是通过教育、自身社会实践和社会影响逐步形成的，它具有相对性和稳定性。但是随着社会发展对人们不断提出的要求，人们为了更好地适应、满足、促进社会的发展，总是不断地提高自己的素质，所以，职业素质具有发展性。

（三）职业化素养的意义

职业化素养具有十分重要的意义。简而言之，职业化素养是职业人在从事职业中尽自己最大的能力把工作做好的素质和能力，它不是以这件事做了会对个人带来什么利益和造成什么影响为衡量标准的，而是以这件事与工作目标的关系为衡量标准的。更多时候，良好的职业化素养应该是衡量一个职业人成熟度的重要指标。

职业化素养是衡量个人、团体、国家实力的标准。从个人的角度来看，适者生存，个人缺乏良好的职业化素养，就很难取得突出的工作业绩，更谈不上建功立业；从企业角度来看，唯有集中具备较高职业化素养的人员才能实现求得生存与发展的目的，他们可以帮助企业节省成本、提高效率，从而提高企业在市场的竞争力；从国家的角度看，国民职业化素养的高低直接影响着国家经济的发展，是社会稳定的前提。

职业化素养是事业成功的基础，可以说一生成败看"职商"。

（1）职业化素养是立足职场的根本。

（2）职业化素养是事业成功的基石。

（3）职业化素养是事业发展的内在支撑。

（四）职业化素养的核心要素

职业化素养的内容涉及面很广，覆盖的内容也比较多。显然，要提炼出一个具有代表性和接受性的培养方案并非易事。

美国著名的《哈佛商业评论》评出了9条职业人应该遵循的职业道德：诚实、正直、守信、忠诚、公平、关心他人、尊重他人、追求卓越、承担责任，这些都是最基本的职业化素养。

有学者认为，职业化素养中最根本的内容就是职业道德、职业意识、职业心态。

也有学者认为，职业化素养是指诚信、敬业、负责、主动、团体协作等品质。

虽然职业化素养的内容似乎难以概括，但员工的职业化培养目标是明确的、清晰的，那就是让在校大学生身心健康、明荣知耻、坚持原则、遵纪守法、诚信为先、高效工作、团结合作、顾全大局、勤奋钻研、言行有责、积极进取、与时俱进。就是在这样的主导思想的引导下，我们现在将职业化素养的核心内容概括提炼为以下几个方面（表1-1）：

表 1-1　职业化素养的核心内容

序号	职业化基本素养	核心要素
1	学会诚信——结果会不一样	诚信
2	学会敬业——从平凡到卓越	敬业
3	学会坚持——水滴石穿	坚持
4	学会责任——责任重于泰山	责任
5	学会主动——不拨也要转	主动
6	学会服务——服务别人成就自己	服务
7	学会合作——1+1>2	团队合作

（五）职业化素养的培养途径

今天的企业，不只是强调管理的标准化、管理的制度化、管理的程序化、管理的人性化，员工职业化素养的高低已经成为众多企业日益关注的焦点。员工职业化培养的主要内容已经成为企业以及企业员工关注的焦点。

职业化素养培养必然是教育与培训相互渗透、相互作用的结果。在校大学生作为未来的企业员工，只有在教育活动和培训过程中不断增强综合素质，提高综合能力，从而具备良好的职业化素养，才能为将来发展奠定基础。

1. 通过职业生涯规划培养职业化素养

职业生涯规划的目的是围绕个人的人生目标，明确人生阶段的任务，有计划、有步骤地去完成，最终实现自己的人生目标。从高职生入学开始，就要抓住时机进行职业理想和职业规划教育，让学生明白专业培养目标，了解专业发展方向，使学生逐步树立正确的职业理想。

2. 通过"两课"教学培养职业化素养

为适应高职培养目标，"两课"教学的内容、方法在不断改革，学校要组织学生学习职业道德规范的基本要求，了解职业道德的特点、意义和内容，掌握加强自我道德修养的方法和途径，让学生树立劳动光荣、诚实守信、团结合作、爱岗敬业、服务奉献、艰苦奋斗、开拓进取等观念。

3. 通过技能训练和资格证书考试培养职业化素养

技能训练的各项要求无疑是在培养学生的职业化素养。职业资格证书已经成为职业准入的标准，它反映了劳动者的职业化素养。具有权威性的职业资格证书考试，必将提升学生的职业化素养。聘用越来越多的企业优秀人才为学生上课，给学生树立了学习的榜样，同样有利于职业化素养的培养。

4. 通过社会实践和第二课堂活动培养职业化素养

高职生的职业化素养培养要渗透到学生学习生活的各个方面。积极开展大学生社会实践"三下乡"活动，开展向雷锋、李素丽、邓建军、洪战辉等先进人物事迹学习的活动，举办体育竞赛、演讲比赛、技能展示、科技制作、知识竞赛、报告讲座等，让职业化素养培养教育无处不在。

5. 通过就业和创业教育培养职业化素养

就业和创业教育就是要大学生在选择职业时根据就业形势和自身条件进行全面权衡，在科学的职业理想指导下树立正确的就业观念，形成正确的职业态度。通过教育，我们要使大学生明白人生价值主要通过自己的本职工作来体现，要尊重自己的工作，全身心投入工作，脚踏实地、一点一滴地积累，只有这样不断提升职业化素养，才能迈向更高的目标。

职业化素养是高职生又好又快地发展的基础。只要把职业化素养培养贯穿于学生学习生活的全过程，强化职业化素养的培养，高职生就能在服务社会的过程中实现自己的又好又快发展。

现代企业竞争愈演愈烈，竞争到最后，就是人与人的竞争。说到底，企业与企业的竞争，最终是员工与员工的竞争。员工是企业系统的基石，更是企业核心竞争力的重要体现，所以提升企业每一个员工的职业化素养迫在眉睫。市场已经向求职者发出明确信号，良好的职业化素养已经成为职业准入的一道门槛。作为一名在校大学生，只有不断加强职业化素养的培养，才能为今后实现自己的职业理想打牢基础。

案例链接

拿破仑有一次检阅军队，按照惯例，指挥官跑到拿破仑跟前，以非常清晰的声音报告："报告将军，本部已全部集合完毕。本部官兵应到三千四百四十四人，实到三千四百三十八人。请您检阅。"拿破仑非常满意地点点头，说："很好。"

然后又回头对他的参谋说："记住这个指挥官的名字，数字记得这么准确的人应该受到重用。你们以后也得向他学习，给我汇报时尽量用精确的数字说话。不要用大概、可能、也许、差不多这样的话。"

这位博得拿破仑好感的指挥官，干脆利落地说出了部队官兵应到和实到的人数，显得非常专业和细致。用数字说话，给对方精准的信息，显示出指挥官优秀的职业化素养，能给人以最基本的好印象。

第二节　诚　信

克里斯博士说："诚信已不仅仅是品德范畴的东西了，它更成为一种生存技能，如果一个人失去了对共生伙伴的诚信，那他就失去了做人的原则，失去了成功的机会。"

一、诚信的含义

诚信是一个道德范畴，是公民的第二个"身份证"，是日常行为的诚实和正式交流的信用的合称，即待人处事真诚、老实，讲信誉，言必信、行必果。

诚信是人必备的优良品格，一个人讲诚信，就代表他是一个讲文明的人。讲诚信的人，处处受欢迎；不讲诚信的人，人们会忽视他的存在；所以我们人人都要讲诚信。诚信是为人之道，是立身处世之本。

一个公民要对自己的国家忠诚，一个男人要对自己的妻子忠诚，同样，作为一个企业的员工，也要培养起一种对企业的忠诚，忠诚就是要对企业学会感恩，高质保量完成企业交给自己的工作任务，保守企业的秘密。

二、诚信的基本要求

1. 忠于职守就是一种安全有益的职业生存方式

对员工而言，拥有诚信就拥有了一种安全有益的职业生存方式。要知道，有了诚信的品质我们才能参加工作。因为在一个组织中，诚信是组织成员相互合作的必要条件，以此可以很直接并且快速地评估一个人是否值得信赖和委以重任。诚恳守信、言出必行、忠诚可靠、有良好的道德品质的人就是值得信赖的，也是企业和社会所需要的。谎话连篇、言而无信、不够忠诚、没有道德的人就不值得企业重用，也就难以在企业立足。所以，诚信品质也是我们达到职业化的一种保障。对此我们应该记住的是：不论在任何时候、任何地方，我们都应该把做人的诚信放在首位。

很多世界级企业对员工进行绩效考核时也同样看重诚信，他们要能力，但更要诚信。如通用电气公司对人才选拔的价值观是：员工首先要具备的是诚信，业绩居于第二。联想集团在选拔人才时看重两方面的素质，一是诚信、正直的态度，二是求真、务实的工作状态。因为联想不仅需要具有创新意识的人才，更需要脚踏实地、认真做事的人。IBM 在选人时也很看重人的正直和诚实，并把这二者放在很重要的位置。惠普公司也十分注重选拔具有诚实和正直品行的人才。这些企业都认为，如果一名员工不能诚实地工作，即使他可能在短时间内给公司带来效益，但不可能带来长远的利益，而员工不讲诚信的行为往往还会给公司造成负面影响。

由此可见，诚信品质是众多企业衡量人才的一个重要标准，它们都认为不讲信誉的员工肯定不是好员工。其实不单是这些大企业，几乎任何企业都一样，都会把员工的诚信放在第一位。

如果你有诚信品质，那么你就可以在职场上建立良好的信誉和形象，从而使你的职业化素质快速提高。因为一名员工能否在公司中立足，能否得到领导和同事的信任，能否最终取得职业生涯的成功，很大程度上都取决于该员工的诚信品质。若该员工发生了诚信危机，那么他很可能就没有机会在企业继续工作下去了，严重者或许还会受到法律的制裁。

还有一种情况是，不真诚对待工作也是不诚信的表现。在工作过程中，如果员工不能诚实地做好工作，那么他就会出现诚信危机。这样的员工往往会不把工作当回事儿，会欺骗上司、同事、下属，以及公司客户等，甚至出卖或背叛公司、中饱私囊。这样一来，公司的团结、声誉和利益就会受到损害。而他敷衍、欺骗、背叛的行为，也必会招来众怒，乃至受到惩罚。

因此，诚信是一种做人的品质，是个人修养的反映，是各行各业的员工都应具备的素质。存在诚信缺陷的员工肯定不是一名合格的员工，并且也很难真正达到职业化状态。身在职场，我们每个人都应该讲究诚实守信，共树诚信光荣、无信可耻的工作作风，为企业，更是为自己的发展而努力。

2. 诚信是一条双行道，付出一份真诚，你将收获一份信任

不管你的能力是强是弱，一定要具备诚信的品德。只要你真正表现出对公司的忠诚，你就能得到老板的信任。他也会乐意在你身上投资，给你培训的机会，从而提高你的能力，因为他认为你是值得信赖和培养的。

同许多成功的世界500强企业一样，微软公司也把员工视为最宝贵的资产。公司经常为它所雇用的忠实可靠的、致力于发展高质量产品、程序和业务的人才而感到自豪。在比尔·盖茨的微软公司、这个世界著名的"工作狂"的乐园里，员工的使命感相当强烈，求知欲极其旺盛，忠诚度也极高。据抽查显示，微软的人才流动率在IT业中是最低的，这与其独具特色的用人机制是分不开的。比尔·盖茨曾总结出优秀员工要具备的十大准则，而在这十大准则中，他将"忠诚"一条列于榜首。

在员工的诚信度上，微软认为，员工的学识与经验都是可以通过后天补充的，而可贵的品质却绝非短时期内能够形成。

案例链接

华仔原是一所中专学校的计算机教师，尽管只有中专学历，但他勤奋好学，通过自学，业务水平不断提高，深受学校的器重。后来在一位南下打工的朋友的影响下，他辞去了干得好好的教师工作南下了。

到了广东他才知道，这里并不像他想象的"遍地是黄金"，由于只有中专学历，想到外资或合资企业工作不是很容易。求职心切的他买了一张某名牌大学计算机专业本科毕业的假文凭。

过了不久，一家港资企业招聘面试时，看到华仔计算机水平挺高，业务熟练，聘他做软件开发工作。凭着勤奋努力，他不久便得到了提拔。

正当他踌躇满志地进取时，他的假文凭被揭穿了。最忌弄虚作假的老板非常气愤，毫不客气地辞退了华仔。

他的顶头上司不无遗憾地对他说："如果你不用假文凭，凭你的实力，尽管只有中专学历，也完全可以到我们企业来工作。只要干得好，工作又需要，企业也会送你去进修的。"

三、诚信的基本内容

首先，要切实履行自己的岗位职责，这是对企业忠诚的核心内容。在自己的岗位上兢兢业业，恪尽职守，在为企业创造经济效益、树立社会形象、培养人才中竭尽自己的智慧和力量。

其次，要有强烈的责任感，自觉维护企业的合法利益。在企业利益遭受损害时，要挺身而出，为挽回企业的损失有多大力出多大力；要把心思用在企业建设上，为企业发展添砖加瓦。

最后，要将个人的发展与企业的发展结合起来。企业是个人发展的平台，要勤学苦练，把自己的业务做深、做精，并力争达到一专多能，成为企业建设的栋梁之材。尤其是在企业遇到危难的时候，要能够与企业患难与共、同舟共济。在企业需要的时候，要能够舍小家顾大家，不计得失，乐于奉献。

如果你能做到诚信，并把诚信变成自己的一种习惯，你一定会一步步走向事业的成功之巅。诚信是你承担某一责任或者从事某一职业所表现的投入精神。本杰明·富兰克林说："如果说，生命力使人们前途光明，团结使人们宽容，脚踏实地使人们现实，那么深厚的忠诚感就会使人生正直而富有意义。"

案例链接

有一名在德国留学的外国学生，毕业时成绩优异，便决定留在德国发展。他四处求职，拜访了很多家大公司，但都被拒绝了。为此他很是伤心和恼火，但为了在这里生活下去，他不得不收起高才生的架子选了一家小公司前去应聘，心想这次无论如何也不会再被德国人拒之门外了吧！然而出人意料的是，这家公司虽小，却仍然和大公司一样很礼貌地拒绝了他。

这位留学生终于忍无可忍，对这家企业的招聘经理拍案而起："你们这是种族歧视！我要控告你们！"接待他的德国人很冷静地请他坐下，然后从档案袋里抽出一张纸放在他面前，示意他看一下。留学生拿起纸一看，发现是一份记录，记录上写着他乘坐公共汽车时曾经逃票三次。

难道因为逃票三次就拒绝一个有才干的人进入公司吗？这位留学生既惊讶，又气愤，就说："原来你们就是因为这么点儿鸡毛蒜皮的事而小题大做，太不值得了。"但是这位德国人说："在德国，逃票被查出的概率是万分之三，也就是说逃一万次票才可能被抓住三次。我们很欣赏你的才能，却不能接受你三次逃票这种不诚实的行为。"

这位留学生听了顿时哑口无言。在事事认真的德国人看来，坐车不买票的人是不讲诚信的，而他居然被抓住三次，这说明他坐车很少买票。这样的人他们怎么敢留下任用呢？这个留学生感到无比羞愧，只好离开了。

这个故事告诉我们：不诚信的人是不会受到企业欢迎的；即使有些员工平时工作积极主动，而一旦受到外界的引诱，缺乏诚信的他很可能会抛弃原则，为了自己的利益而出卖公司或他人的利益，这样就会对公司造成了不利影响。所以企业最不喜欢这样的人，企业领导者永远也不会信任这样的员工，更不要说欣赏乃至重用了。

四、职场中培养诚信品质的几点建议

1. 守住诚信的人生底线

古往今来，没有任何一个老板会喜欢一个有异心的员工。无论你的能力多么出众，无论你的智慧多么超群，如果你缺乏忠诚，那就没有任何人会放心地把重要的事情交给你去做，没有任何人会让你成为公司的核心力量。因为一个精明干练的员工，一旦生有异心，他的能力发挥得越充分，可能对老板和公司利益的损害就越大。更多的时候，老板乐意提拔那些具有忠诚品质的员工，对那些三天两头喊着另寻高枝的人则会毫不留情地"打入冷宫"。

忠诚不仅仅是个人品质的问题，更会关系到公司和组织的利益。忠诚有着其独特的道德价值，并蕴含着极大的经济价值和社会价值。一个秉承忠诚的员工，能给他人以信赖感，让领导乐于接纳。最后，在赢得领导信任的同时，他更容易为自己的职业生涯带来意想不到的好处。

> **案例链接**

迟睿是一家药品公司的首席研究员,在业界很有名气。由于他想开展一项新药品的研究,但公司的技术条件达不到实验的效果,他就离开了公司,准备去一家实力更加雄厚的公司开展这项工作。由于新公司与原公司业务相关,新公司的经理要求他透露一些原先他主持的开发项目和研发信息。迟睿虽然很想进这家公司,但还是马上回绝了这个要求。理由很简单:"对不起,我虽然离开了原来的公司,但我不能背叛它,现在和以后都是如此!"

第一次面试就这样不欢而散。出人意料的是,就在迟睿准备重新寻找新的公司时,却收到了录用的通知。上面写着:你被录用了,你的才干大家有目共睹,最重要的是,你有我们最需要的——忠诚!迟睿这才知道,那是新公司对他使用的考验手段。

忠诚于公司,从某种意义上说,就是忠诚于自己的事业。这种忠诚可以增强老板的成就感和自信心,可以增强团队的凝聚力,使公司更加兴旺发达。因此,许多老板在用人时,既要考察其能力,更看重其个人品质,而个人品质最关键的就是忠诚。一个忠诚的人十分难得,一个既忠诚又有能力的人更是难求。忠诚的人无论能力大小,老板都愿意给予重用,这样的人走到哪里大门都会向他敞开。相反,能力再强,如果缺乏忠诚,也往往被人拒之门外。

2. 拒绝跳槽多动症

在职场中,许多国际一流的公司,是很在意应聘者的跳槽记录的。人们普遍认为:一个频繁跳槽的人,一定是缺乏忍耐力和坚持性的人,也就不可能自觉遵守公司纪律、主动适应公司秩序。

西门子中国有限公司就明确表示:"那些每半年、一年就换工作的人我们是不会要的。"西门子在招聘时,如果看到应聘者的简历上有经常跳槽的记录,是绝对不会录用的,甚至连面试的机会也不会给。他们认为,这样的员工缺乏对企业最起码的忠诚,这样的人再有能力、再有经验,也不会为企业带来太多的价值,同样他自己也难以在企业中实现自己的价值,企业是绝不会冒风险来录用他的。这样的认识是通过教训换来的。

> **案例链接**

在西门子刚进入中国的时候,一个分公司曾招了一批员工,这些员工经过培训最终成为业务骨干。一时间,企业的订单不断,利润大增。分公司老板对这批骨干也是宠爱有加,嘘寒问暖,加薪宴请。他认为:只要我给你们的待遇好,还怕你们不好好干?可是好景不长,那些业务主管做了几年业务,脑子就"活络"了,心想:手里有现成的业务骨干和客户群,如果把这群业务骨干挖走,做西门子产品的代理,能自己单干,那一定比在这里打工有发展。有了这种念头,其中一个业务主管就开始偷偷地自己联系业务,为了给自己拉拢更多的客户,他给一些客户回扣。最严重的一次,他竟然在与外商谈判时做手脚,结果导致企业损失惨重。老板知道后怒不可遏,把包括业务主管在内的这批业务人员全部辞掉。这让企业元气大伤，这个经历在分公司老板心中留下难以消除的阴影。后来他明确规定，在以后招聘员工时，一定要保证员工的忠诚度，哪怕他的知识水平差点，经验不足也无所谓，因为这些都可以通过培训来弥补，但如果员工缺乏对企业的忠诚，即使他是天才，也不能录用。

西门子公司的做法，具有一定代表性。

3. 恪守商业机密

古人说："人生七尺躯，谨防三寸舌。"无论什么时候，都不要拿诱惑去挑战我们的道德底线，那样会让你走进痛苦的深渊。一位成熟的职业人士懂得管好自己的嘴巴，无论何时何地，他都能运用自己的自制力保守企业的机密。

在我们工作的环境里，总是充斥着各种各样的诱惑，一个优秀的员工永远不会为利益所诱惑，而做出违背原则的事情。如果一个人为了一丁点儿利益而出卖公司的话，那么就不会受到欢迎，因为他出卖的不仅仅是公司的利益，还有他自己的人格。哪怕是从他手中获得利益的人，也会从心里对他产生鄙夷。

案例链接

某公司销售部汪经理和公司高层产生了意见分歧，双方一直未能达成共识，为此，汪经理耿耿于怀，准备跳槽到另一家竞争对手公司。汪经理一方面是出于私愤，另一方面是为了向未来的"主子"表忠，他便想尽一切办法把公司的机密文件扩散给各市场经销商，使得市场乱成一团，并引发了很多市场纠纷。这还不算，他还打电话给当地工商、税务部门，举报公司的账目有问题，虽然最后查证并无问题，却给公司带来了很大的伤害。

当汪经理带着满意的"成果"去向竞争对手公司邀功请赏时，没想到该公司领导见汪经理这般对待老东家，便开始担心：谁知道他以后会不会如法炮制对待我们公司呢？身边有这样的一个人，不就像是埋下了一颗随时可能爆炸的炸弹吗？结果自然是没有录用他。

4. 把职业当事业

工作是人生中不可或缺的一部分，把工作当成一项成就自己人生的事业去做，这是一种责任、一种承诺、一种精神、一种义务，更是对自己选择这个职业的一份忠诚。

化职业感为事业感，这虽然只有一字之差，却会得到截然不同的结果。职业感要求我们恪守职业道德，尽心尽力地完成我们的工作。而事业感却不同，它体现了更多的自觉性，而且总与某种价值观联系在一起；它追求的是一种完美的境界，能体现自己生存的意义，能激发更多的创造性。一家企业的一名普通工人，发明了好几项专利，在谈到他的心得时，他说："能够取得这些成功，是因为我不仅把这份工作当作谋生的手段，而且当成事业来经营。"

所以当你认为自己所从事的职业是一份值得为之付出和献身的事业时，你就会带着一颗虔诚、敬畏的心去对待你的工作，并在这个过程中让你的人生更加圆满。为了自己的事业而忠诚敬业、全力以赴，是让自己的人生价值无限延伸的正确途径。

第三节 敬 业

一、敬业的含义

敬业是一个道德范畴，是一个人对自己所从事的工作负责的态度，是人们基于对一件事情、一种职业的热爱而产生的一种全身心投入的奉献精神，是社会对人们工作态度的一种道德要求，它的核心是无私奉献。低层次的即功利目的的敬业，是由外在压力产生的；高层次的即发自内心的敬业，是把职业当作事业来对待的。

具体地说，敬业是一种素质、一种精神，就是在职业活动领域树立主人翁责任感、事业心，追求崇高的职业理想；培养认真踏实、恪尽职守、精益求精的工作态度；力求干一行爱一行专一行，努力成为本行业的行家里手；摆脱单纯追求个人和小集团利益的狭隘眼界，具有积极向上的劳动态度和艰苦奋斗精神；保持高昂的工作热情和务实苦干精神，把对社会的奉献和付出看作无上光荣；自觉抵制腐朽思想的侵蚀，以正确的人生观和价值观指导和调控职业行为。

二、敬业精神的基本要求

宋朝朱熹说，敬业就是"专心致志以事其业"，即用一种恭敬严肃的态度对待自己的工作，认真负责，一心一意，任劳任怨，精益求精。其精神实质体现在以下几个方面：
(1) 有明确的职业理想，热爱本职工作，忠于职守，持之以恒。
(2) 有强烈的事业心，尽职尽责，全心全意为人民服务。
(3) 有勤勉的工作态度，脚踏实地，无怨无悔。
(4) 有积极的进取意识，不断创新，精益求精。
(5) 有无私的奉献精神，公而忘私，忘我工作。

案例链接

"巧手杰克"

在美国的一个小镇上，有一位十分能干的木匠，大家都叫他"巧手杰克"。他所做的活儿，都是为人称道的精品，在当地有口皆碑。

杰克干了40年的工作后决定退休，与家人共享天伦之乐。老板把杰克看作是左膀右臂，极力挽留，但杰克还是决定退休。老板最后只得答应，但要求他在退休前再建造一座房子。杰克于是开始着手退休前最后的工作，在盖房过程中，稍有一点眼力的人都能看出来，老杰克的心已经不在工作上了，他用料不像往日那样精挑细选，做工也只是随意而为，全无往日的水准。其实，用这种方式来结束他的事业生涯，实在是有点不妥。老板看在眼里，并没有说什么。

房子落成的那一天，也就是杰克终于可以退休的那一天，老板来了，然后把大门的钥匙交给他说："这就是你的房子了，是我送给你的一个礼物！"杰克实在是太惊讶了！当然也非常后悔。因为如果他知道这座房子是他自己的，他一定会用最好的木材、最精致的工艺来把它盖好。

其实我们每个人自己正在做的活儿，归根结底都是在准备为自己建造一座"房子"。如果我们不肯努力去做，那么我们只能住进自己为自己建造的最后的也是最粗糙的"房子"里。平凡孕育伟大。如果你真正珍惜自己的生命，就请立足于平凡，忠于职守，脚踏实地，精益求精，尽职尽责，做好自己岗位上的工作吧。

三、敬业的基本内容

培育敬业精神，要求正确处理和职业所联系的责、权、利的关系。认同和追求岗位的社会价值，是敬业精神的核心。如果没有任何认同，就不会有尊重和忠实于职业的敬业精神，而认可程度不同，也会产生不同的敬业态度。因此，培育敬业精神首先应突出以下几个方面的内容：

1. 牢固树立职业理想

职业理想是敬业精神的思想基础。每位职工都应把自己的职业看成是为社会做贡献、为人民谋福利、为企业创信誉的光荣岗位，看成是社会、企业运转链条上的重要环节。只有这样才能树立起富有时代精神、健康向上的职业理想和目标，并以最顽强、最持久的职业追求把它落实在职业岗位上。

2. 准确设定岗位目标

高标准的岗位目标是干好本职工作、争创一流的动力。有了岗位目标，才能做到勤奋敬业，在本职工作岗位上创造性地开展工作。

3. 大力强化职业责任

发挥本职岗位的职能，保持职业目标，完成岗位任务，遵守职业规则程序，承担社会责任，实现本岗位、本职业与其他岗位职业的有序合作，是职业责任的全部内涵。职业责任是主人翁意识的体现，作为企业的一员应视企业发展为己任，自觉履行职业责任和义务。

4. 自觉遵守职业纪律

职业道德规范、企业的各项规章制度，是职业纪律的内容，自觉遵守、模范执行是维护企业正常工作秩序的重要保证。

5. 不断优化职业作风

职业作风是敬业精神的外在表现。敬业精神的有无决定着职业作风的优劣，而职业作风的优劣又直接影响着企业的信誉、形象和效益。从某种意义上讲，职业作风关系到企业的兴衰成败。优化职业作风，就要反对腐败和纠正行业不正之风，以职业道德规范职业行为。

6. 全面提高职业技能

企业内部要营造浓厚的学习氛围，促使职工不断掌握新技术、新工艺，不断增加技术业务能力的储备，不断更新知识结构，不断提高管理水平，成为本单位的业务骨干和技术尖兵，以过硬的职业技能实践敬业精神，为国家做贡献，为企业创效益、树信誉、争市场。

签名签出来的董事长

在美国标准石油公司，有一位名叫阿基勃特的小职员。每次远行住旅馆时，总会在自己签名的下方写上"每桶四美元的标准石油"，而且在书信及收据上也不例外。他因此被同事叫作"每桶4美元"，而他的真名倒没有人叫了。公司董事长洛克菲勒知道此事后，大为感叹："没想到竟有如此敬业的员工，我要见见他。"洛克菲勒卸任后，阿基勃特便成为该公司的第二任董事长。

作为一名企业员工，只有具备敬业精神，才能在工作中更好地体现自己的人生价值，才能获得丰厚的薪水、更高的职位和更完美的人生。而对一个企业来说，员工的敬业精神将决定这家企业的竞争力，在企业里，员工敬业精神越强，工作效率就越高，企业的发展也就越迅速。

四、敬业精神的训练培养

有句古老的谚语说："我们都是习惯的产物。"这种说法是千真万确的，因为所有的人在生活中都是遵从某种习惯的。把敬业变成习惯的人，从事任何行业都容易获得成功。所以，每一位员工都需要注意以下几点，养成敬业的习惯。

1. 认同所就职的企业

对于员工来说，接受并认同企业是热爱企业的前提，也是为企业付出的前提，更是实现自我的前提。员工只有通过企业这个平台才能更好地发挥自己的特长，假如没有这个平台，员工个人就没有用武之地，即使你才高八斗、学富五车，也不能得以施展。所以要认同自己就职的企业，这是保证自己工作的根本所在，也是一个员工生存和发展的必然要求。

员工要想在企业生存下去、发展下去，首先要认同所就职的企业。只有认同自己所在的企业，才能更好地接受并热爱它，才能为工作甘于奉献，才能让自己感觉到付出的一切都是有价值的。这样，即使再苦再累也不会抱怨和后悔；这样，才能自觉地站在企业的角度上去思考问题，做到忠诚敬业，进一步取得事业的成功。

2. 树立主人翁意识

英特尔公司总裁安迪·葛洛夫应邀为加州大学伯克利分校毕业生演讲，他提出这样的建议："不管你在哪里工作，都别把自己当成员工——应该把企业看作是自己的。"很显然，以主人翁的心态对待企业，你就会成为一个值得企业领导信赖的人、一个被他人乐于雇用的人、一个可以成为领导得力助手的人。

某大型IT公司在对员工进行企业核心价值观培训时，培训讲师讲了这样一个故事：新娘过门当天，发现新郎家有老鼠，嘿嘿笑道："你们家居然有老鼠！"第二天早上，新郎被一阵追打声吵醒，听见新娘在叫："死老鼠，打死你！打死你！居然敢偷吃我们家的大米。"

讲到这儿，讲师自然就点出了要旨：每位员工进入公司后，都应有"过门心态"，树立主人翁意识，这样才能处处都站在企业的立场上，以老板的心态去想问题，尽职尽责，全力以赴。企业自然需要你这样忠诚敬业的员工，而你也需要通过这个平台来发挥自己的聪明才智，实现自己更大的价值。

3. 自觉维护公司形象

我们生活在社会中，企业就像自己的名片一样。企业有了良好的社会声誉才能在激烈的市场竞争中得到生存和发展，个人的价值才能得到实现。如果企业的声誉、形象受到损害，个人的价值也同样会受到损害。

荷兰飞利浦电子集团前总裁田思达曾说："目标、信念与人三位一体，形成企业形象，而企业形象，实质就是企业员工个人形象的集合。作为企业的一员，精心维护企业形象当责无旁贷。"他还讲到过一个案例："有一天，我碰到一个熟人，他一向很注重个人形象，那天却是鼻青脸肿的，好像跟人打架了一样。我问他是怎么回事，他说：'碰到两个人诋毁我的公司，说一些不实的言论，于是忍不住就和那两个人理论，没想到那两个人竟然动手了。'我说：'你怎么不还手啊，两个人也不至于把你打成这样啊？''我要是真跟他们打起来，那还不真像他们说的那样啊，那不是给我们公司的脸上抹黑吗？'"

案例链接

张瑞敏，前青岛电冰箱总厂厂长，现海尔集团董事长。出任厂长之初，张瑞敏把76台有质量缺陷的冰箱全部砸烂。他说："有缺陷的产品就是废品！"如今，海尔科技馆里的那把"闻名遐迩"的大铁锤，向人们诉说着质量与品牌的故事。这一锤所砸出的不仅是质量意识，还有一种崭新的观念，从此，敬业意识结结实实地印在海尔人的心中。在叮叮当当的锤声中，在全厂工人痛心的泪光里，"有缺陷的产品就是废品"的恭谨严肃的敬业观念从此树立起来了。

从创品牌到多元化、国际化，海尔成功实现了两大战略性跨越。海尔人现在已经获得了许许多多的荣誉，但在他们心里，分量最重的是国家质量奖，因为它代表了海尔认真踏实、一心一意、精益求精的敬业理念，这也是让海尔在国内和国际市场上站稳脚跟的基石。

第四节　坚　持

 心灵咖啡

五枚金币

有个叫阿巴格的人生活在草原上。有一次，年少的阿巴格和他爸爸在草原上迷了路，阿巴格又累又怕，到最后快走不动了。爸爸就从兜里掏出五枚金币，把一枚埋在草地里，把其余四枚放在阿巴格的手上，说："人生有五枚金币，童年、少年、青年、中年、老年各有一枚，你现在才用了一枚，就是埋在草地里的那一枚，你不能把五枚都扔在草原里，你要一点点地用，每一次都用出不同来，这样才不枉人生一世。今天我们一定要走出草原，你将来也一定要走出草原。世界很大，人活着，就要多走些地方，多看看，不要把你的金币没有用就扔掉。"在父亲的鼓励下，那天阿巴格走出了草原。长大后，阿巴格离开了家乡，成了一名优秀的船长。

这则故事的启示是：成与败在一念之间，而在那简短的一念间深藏着一种持久的力量，它的名字叫"坚持"。正如爱迪生说的，成功"是靠百分之一的灵感加上百分之九十九的勤奋"得来的。

一、坚持的含义

所谓坚持，就是坚决保持住或进行下去。坚即意志坚强，坚韧不拔；持即持久，有耐性。

在职场中，有时成功就离你一步之遥，而要成功，坚持是必不可少的。要想在职场上求得发展，除了具备硬实力，如学历、技能和经验等，更需要具备一些软实力，其中难能可贵的就是坚持的精神。在人生道路上，谁拥有这种品质谁就能笑到最后。

二、坚持的内涵

1. 坚持是一种品质

坚持是一种非常难得的优良品质，它是一个人自我控制能力的体现。一个成功的人，一定是拥有"坚持"这一重要的优良品质的。大多数成功人士取得成绩都不是偶然的，他们都拥有良好的驾驭自己的能力。

案例链接

欧洲文艺复兴时期的著名画家达·芬奇，从小爱好绘画。父亲送他到当时意大利的名城佛罗伦萨，拜名画家韦罗基奥为师。老师要他从画蛋入手。他画了一个又一个，足足画了十多天。老师见他有些不耐烦了，便对他说："不要以为画蛋容易，要知道，一千个蛋中从来没有两个是完全相同的；即使是同一个蛋，只要变换一个角度去看，形状就会有不同，蛋的椭圆形轮廓就会有差异。所以，要在画纸上把它完美地表现出来，非得下番苦功不可。"从此，达·芬奇用心学习素描，经过长期勤奋艰苦的艺术实践，终于创作出许多不朽的名画。

没有加倍的勤奋和坚持，就不会有才能，也不会有天才，自然也不会有成功。

2. 坚持是一种信念

坚持不懈是成功者最重要的特征之一。而专注于目标，则需要很强的意志力。在迈向成功的过程中，需要花费很多时间，要耐得住寂寞，还要对付得了挫折与失败。一旦选定目标就要有"咬定青山不放松"的意志、不达目的誓不罢休的信念。

正所谓："不积跬步，无以至千里；不积小流，无以成江海。"想成就一事，必从小事开始，日积月累，积少成多。因此，坚持是一种精神的支撑，是一份信念的坚守，也是走向成功的动力。

大道理谁都会说，但是能够真正坚持下来的人又有多少？有些人坚持做事是怕别人说失败，为不失败而坚持；有些人坚持做事，是为了成功的目标而坚持。不管是为什么而坚持，坚持的结果都是成功。正像《荀子·劝学》揭示的那样："骐骥一跃，不能十步；驽马十驾，功在不舍。"

"坚持就是胜利"是一句非常励志的话。这句话勉励人们要不断努力追求，不要被当前的困难所吓倒，不要被眼下的挫折所左右，而失去更上一层楼的信心和前行的雄心。

三、坚持的重要性

有很多成功人士在谈到成功经验的时候都说到"坚持"两个字，可见坚持对于成功的重要性。古语说得好："世上无难事，只怕有心人。"这句话告诉我们，只要持之以恒、坚持不懈，再难的事情都可以得到解决。

1. 坚持才是成功的钥匙

很多在职场取得成功的人很少轻易离职或跳槽，他们总是能在自己的专业上选择坚持，并获得最后的成功。罗曼·罗兰曾说："与其花很多时间和精力去凿很多浅井，不如花同样的时间和精力去挖一口深井。"如果一个人能专心地做一件事情，反而更加容易出成就。对于年轻的职场人来说，在一个岗位上坚持越久，成功的概率越大。

案例链接

著名的汽车大王福特自幼帮父亲在农场干活，12岁时，他就在头脑中构想出一种能够在路上行走的机器，这种机器可以代替牲口和人力。可是，当时他的父亲要求他必须在农场当助手，而福特坚信自己可以成为一名出色的机械师。于是，他用一年的时间完成了别人要三年才能完成的机械训练，随后又花两年时间研究蒸汽机原理，试图实现他的目标，然而却没成功。随后他又投入对汽油机的研究，每天都梦想着制造出一部汽车。其创意被大发明家爱迪生所赏识，爱迪生邀请他到底特律担任工程师。经过十年的辛苦努力，在29岁时，福特成功地制造出第一部汽车发动机。

人人都可以成功，人人都可以创造奇迹。可现实生活中有很多人却没能成功、没有创造奇迹，原因有三：其一，有的人想都不敢想；其二，有的人虽然想了却不一定去做；其三，有的人想了，也做了，却没能坚持到底。必须承认福特是一个敢想也敢做的热血青年，最可贵的是，他还能做到坚持不懈。

《增广贤文》有语："十年寒窗无人问，一朝成名天下知。"能在为学之路上勤学苦练坚持达十年之久的人，一定能学业有成、卓尔不群。

在跳槽的年轻人中，多数缺乏对自己职业发展的合理规划，盲目跳槽的现象仍然非常普遍。不少年轻人仅仅因为一些个人理由轻易离职，例如"工作不顺心""跟同事合不来""领导不喜欢自己"等，其实只有坚持才是成功的钥匙。

2. 坚持是成功的资本

只要不断努力、不断学习，才能取得成功。

案例链接

1948年，牛津大学举办过一次"成功秘诀"演讲，邀请到了声望极高的第二次世界大战时期的英国首相丘吉尔。三个月前媒体就开始大力宣传，各界人士翘首以盼。这一天，会场上人山人海，水泄不通。世界各地的新闻媒体都到齐了，人们期待着聆听这位杰出的政治家、军事家、文学家的成功秘诀。他用手势止住人们雷动的掌声后，说："我的成功秘诀有三个：第一，绝不放弃；第二，绝不、绝不放弃；第三，绝不、绝不、绝不能放弃。我的演讲结束了。"丘吉尔说完就走下了讲台。当时台下沉寂了一分钟，接着爆发出雷鸣般的掌声，大家都被他这句简单而又有活力的话深深地震撼了。

世人都很敬仰丘吉尔，我们也很羡慕他的成功，然而在我们惊羡他的成功时又有多少人能想到那成功的背后浸透了多少奋斗的血泪呢？丘吉尔是一个天生口齿不清的人，但因为他的坚持，彻底摆脱了结巴的命运；首相不是生来就能当上的，但因为他的坚持，成功地实现了自己的梦想；抗战的激情不是无由爆发的，因为他的坚持，大不列颠帝国没有沦为焦土。

3. 坚持到底才能有收获，转机孕育在坚持的路上

俗话说，"万事从来贵有恒""水滴石穿，绳锯木断"，一旦认定目标后，不管困难有多大，也不要轻易放弃，坚持到底，转机就会出现。

古埃及的寓言中说：世界上只有两种动物能够登上金字塔，一种是雄鹰，一种是蜗牛。雄鹰能够登上金字塔的塔顶，靠的是飞翔，因为它有强健有力的翅膀；而蜗牛同样登上金字塔的塔顶，它靠的是什么？是勤奋！它朝着心中的目标，坚持不懈，持之以恒，一步一步往上爬……最后像鹰一样，站在了金字塔的顶端。

案例链接

小时候，爱因斯坦是出了名的"弱智儿"，他3岁还不会说话，6岁被老师叫到名字时，竟呆若木鸡，老师、同学都不喜欢他，讥笑他是"差劲的笨蛋"。有一次上手工课，他想做一只小板凳，但直到下课他都没做好，急得满头大汗。第二天早上，他才交给老师一只很难看的小板凳，老师生气地说："世界上不会再有比这更坏的凳子了。"谁知，这时爱因斯坦拿出两只更粗糙的小板凳，说："有，还有比这更差的。"原来，爱因斯坦交上去的小板凳是第三次制作的，第一次、第二次制作的更难看……爱因斯坦就像一只勤奋的"蜗牛"，他靠着这种执着的精神和坚强的毅力，最终登上了科学的"金字塔"。

在现实生活中，只要坚持做一个勤奋的人，虽然不一定能成为像爱因斯坦那样的科学巨人，但一定可以成为生活中的强者与成功者。不要认为自己不如别人，就放弃努力，放弃对人生理想的追求。虽然我们不是雄鹰，不是天才，但我们可以做一只勤奋的蜗牛，脚踏实地，一步一个脚印地向着心中的目标前进，只要坚持不懈、持之以恒，我们终有一天能登上人生的"金字塔"。

四、如何培养坚持的品质

俗话说得好："世上无难事，只怕有心人。"想要实现自己的梦想，就要坚持，就要努力。成功贵在坚持。当然，这种品质不是一朝一夕就可以养成的，而是一个逐渐养成的过程，所以对于青年人来说，要注重这种品质的培养。

那么如何培养这种品质呢？可以从以下几个方面进行：

第一，要为自己制订一个切实可行的计划，这是成功的基础。但注意一定要切实可行，不要给自己定过高的目标。目标过高，一旦难以实现就不得不放弃，如果以后再次遇到困难就越来越容易放弃，所以订立目标要适宜。

第二，要有坚持的意识。坚持是意志力的完美表现。对自己制订的计划要抱有积极的心态，遇见困难后要相信自己的能力，把精力放在解决问题上，而不要踌躇不定，遇事犹豫不决对解决问题是非常不利的。脑子里要绷紧一根弦，时刻保持一种危机感，同时心态一定要好，我们知道心理作用能对一个人起到非常大的影响，强烈的意识就比一般的意识更具攻击力。

第三，不找借口。遇见问题，不要给自己找逃避的借口，经常给自己找借口的人是难以应对困难的，而且会逐渐习惯逃避。

第四，要循序渐进。逐渐把良好的行为变成自己的习惯，在对自己的鞭策、提醒中成长，做到持之以恒。毕竟人生不是一帆风顺的，失利的时候要认真吸取教训，顺利的时候也要有忧患意识。

一个喜欢磨玻璃的小伙子

在荷兰，有个16岁的初中毕业生在德夫特市市政厅找到了一份看大门的工作。看门工作比较轻松，时间宽裕，但他并没有闲着，而是利用空闲时间磨制眼镜片和放大镜。几十年过去了，他一直是那么专注和细致，技艺达到了专业水平。经过几十年坚韧不拔的努力和探索，他发明了世界医学史上第一架帮助人类认识自然、驾驭自然、打开微观世界大门的显微镜。他的这一发明深刻地影响了人类的生活。1680年，这个干了几十年看大门工作的半老头子，被颇具权威的英国皇家学会吸收为正式会员。一时间，他从一个最普通、最平凡的人变成了震惊世界的名人。这个令世界震惊的小人物就是1632年出生于荷兰德夫特一个普通工匠家庭，而后成为荷兰著名微生物学家的列文虎克。

第五节　责　任

爱默生说："责任具有至高无上的价值，它是一种伟大的品格，在所有价值中它处于最高的位置。"科尔顿说："人生中只有一种追求，一种至高无上的追求——对责任的追求。"

一、责任的含义

责任，就是分内的事，也就是对自己所负使命的忠诚和信守。责任就是将自己的工作出色地完成，责任就是忘我的精神，责任就是人性的升华。

在这个世界上，每一个人都扮演着不同的角色，每一种角色都承担着不同的责任，从某种程度上说，对角色饰演的最大成功就是对责任的完成。正是责任让我们在困难时能够坚持，让我们在成功时能够冷静，让我们在绝望时懂得不放弃。

一旦进入职场，你就得承担对工作的责任。公司不比家庭和学校：在你随心所欲后，家庭和学校能为你担风险和处理后续问题，在公司，你只能自己对自己负责，自己对自己该做的工作负责。社会学家戴维斯说："放弃了自己对社会的责任，就意味着放弃了自身在这个社会中更好生存的机会。"不愿承担责任，或者蔑视自身的责任，就等于在可以自由通行的路上自设障碍，摔跤绊倒的也只能是自己。

二、责任的基本要求

责任乃一个人做人的根本，而一个成熟的职业人要有强烈的责任感做支撑，对自己的决策和行为负责。无论你从事什么职业，只要能认真地、勇敢地担负起责任，所做的就是有价值的，就会获得别人的尊重和敬意。有的责任担当起来很难，有的却很容易，无论是难还是易，不在于工作的类别，而在于做事的人。只要你想、你愿意，就会做得很好。

（1）说到做到，从不食言。做人的准则是履行诺言。
（2）以自身工作的高质量为自豪，不会为速度而牺牲质量。
（3）做事主动积极，不需要监督就能完成分配的工作。
（4）严格遵守道德规范。
（5）愿意承担新责任，并从中获得动力。

案例链接

袁隆平：我不能躺在功劳簿上睡大觉

2019年9月，"杂交水稻之父"袁隆平获得共和国勋章，中央总书记、国家主席、中央军委主席习近平向他颁授了荣誉勋章。

然而，袁隆平已经不是第一次登台获奖，几十年来，他家中的奖章已经多得数不清了。面对不少人劝他退休养老，他总喜欢说的一句话就是："不能躺在功劳簿上睡大觉。"

早从20世纪50年代，袁隆平最初从事红薯育种研究教学，但当时国家粮食非常短缺，于是他转而从事国家最需要的水稻育种。

1961年一天，袁隆平在试验田选种，意外发现一株"鹤立鸡群"的稻株。穗子又大又饱满，籽粒多达230粒，仔细一推算，用它做种子，水稻亩产会上千斤，而当时高产水稻才不过五六百斤。

1964年，袁隆平再次发现一株"天然雄性不育株"。耗时9年后，杂交水稻"三系配套法"终于成功，比常规稻增产20%左右，实现了杂交水稻的历史性突破，为从根本上解决我国粮食自给难题做出重大贡献。

1996年，当时的农业部提出了超级稻育种计划，袁隆平领衔的科研团队接连攻破超级稻亩产700公斤、800公斤、900公斤、1 000公斤和1 100公斤的难题，五期目标已全部完成。

从"南优2号"到超级稻，几十年来，袁隆平对杂交水稻不断改良。杂交稻目前已经覆盖了全中国和许多国家。

然而，快90岁的袁隆平，每天还是风尘仆仆的样子。他几乎每天都要去试验田"打卡"，观察杂交水稻的长势。

他还经常教育青年科技工作人员：电脑上是种不出水稻的，鼓励大家要把论文写在大地上。只要有人去他家里请教讨论杂交水稻工作，他总是热情接待，可以不吃饭不睡觉也要认真交谈杂交水稻。

在接受采访时，袁隆平坦言被授予共和国勋章很激动，同时他更把这个荣誉当成一个鞭策。"我不能躺在功劳簿上睡大觉，要继续努力，继续攀高峰。"

虽是高龄，袁隆平依然给自己定了两大新任务：一个是继续搞杂交稻，要高产、更高产、超高产。另一个目标是攻关海水稻，成立国家耐盐碱水稻技术创新中心，希望十年之内发展耐盐碱水稻一亿亩。

三、责任的基本内容

1. **责任首先是对自己的负责**

一个人要懂得尊重自己的感情，尊重自己的理想，珍惜自己的宝贵年华和生命的活力，从自己的理想出发来安排现实生活。一个人无论做什么事，都要为自己负责任。如果他什么也没有做好，没有得到大家的认可，那么，就是对自己不负责任。最终，影响最大的还是自己，绝对不会是别人。责任感的形成是一个人成熟的标志。

2. **责任是对自己所在的集体负责**

一个人的责任心如何，决定着他在工作中的态度，决定着其工作的好坏和成败。如果一个人没有责任心，即使他有再大的能耐，也不一定能做出好的成绩来。有了责任心，才会认真地思考，勤奋地工作，细致踏实，实事求是；才会按时、按质、按量完成任务，圆满解决问题；才能主动处理好分内与分外的相关工作，从事业出发，以工作为重，无论有人监督，还是无人监督都能主动承担责任而不推卸责任；就一家企业来说，不论你是一名默默无闻的一般员工，还是大权在握的领导者，都应有责任心，凡事尽心尽力，以主人翁的身份和态度积极投身于企业建设中去，在企业发展中寻找自己的价值。

3. 责任是成就事业的可靠途径

责任出勇气、出智慧、出力量。有了责任心，再危险的工作也能减少风险；没有责任心，再安全的岗位也会出现险情。责任心强，再大的困难也可以克服；责任心差，很小的问题也可能酿成大祸。

四、工作责任训练原则

1. 使承担责任成为一种职业习惯

19世纪意大利资产阶级革命家马志尼在他的名著《论人的责任》一书中强调，任何人都应该履行对人类、对国家、对家庭和对自己的责任。我们应该以同样的精神在企业中担起自己本应担负的责任，让承担责任成为一种职业习惯。犯了错误，必须自己承担后果，不可迁怒于他人，不可推卸责任。从古到今，一切有所作为的仁人志士，在其成长的道路上都因敢于担当而卓有成就。"天下兴亡，匹夫有责"，造就了无数民族英雄；"为中华之崛起而读书"，使周恩来等一大批无产阶级革命家迅速成长起来。对国家与社会的高度责任感，既能给人以战胜困难的勇气和智慧，又能促使人沿着正确的方向前进。

一些学生平时以自我为中心只考虑自己，不顾及别人；只求权利，不尽义务；希望别人尊重自己，却不能以礼待人；对社会要求过高，对自己要求太低；以个人为主体，注重个人奋斗、个人发展，缺乏集体、协作观念，服务、奉献精神不足。在社会活动中，愿当主角，而不愿当配角，不愿做重复性工作，总担心自己被埋没、被大材小用，把个人得失看得过重；一份工作刚做几天就觉得不是自己理想中的，或是嫌待遇不好，然后跳槽，这些都是很不负责任的行为。

在职场中，责任感和发展的空间、机会往往是成正比的，也就是说，越敢于承担责任，越有大的发展。

2. 从小事做起

培养责任感要从小事做起。责任感来自对小事的积累，"合抱之木，生于毫末；九层之台，起于累土；千里之行，始于足下"。我们每个人所做的工作，都是由一件件小事构成，把每一件小事做好，就能体现出你的责任感。工作无小事，每一件事都算是大事，要认真对待，固守自己的本分和岗位，就是做出了最好的贡献。每一件事的每一个过程都成就了另一个过程，而只有把小事做好的人，才能铸造完美的细节，成就我们人生的大事。责任心就在细节之中，责任心是把一座道德大厦连接起来的钢筋，如果没有这种钢筋，人们的善良、智慧、正直、爱心和追求幸福的理想都难以为继，人类的生存基础就会崩溃。对于一流的员工来说，工作永远没有"打折卡"，因为他们知道，对工作打折，也就是对自己的前途和发展打折——没有任何一个单位，会将重担交给一个工作上不认真负责、处处偷工减料的人。

如果一个护士不小心给糖尿病人输了葡萄糖，那会造成什么后果？如果一个水泥工人在操作中因疏忽造了一批不达标的水泥，而一家建筑公司正准备用这批水泥做建筑材料，谁能知道他的不小心会造成多大的灾难？而一个财务人员，如果在汇款时不小心写错了一个账号，公司又会蒙受多少损失呢？

在一家著名的跨国公司里，因不必要的错误带来的损失高达25万美元。华盛顿邮局的退信部门每年要收到700万封无法投递的信件。在这些信中，有几百封连地址都没有写，其中很多是来自写字楼的商务信函。

大到一个国家、军队，小到一个企业或个人，责任是否能够被坚决地履行都将决定其成败。即使是最细微的地方，一点点责任的缺失，都将会造成损失惨重的后果。所以工作中的每个人都应该培养自己一丝不苟的工作作风，那种认为小事就可以被忽略或置之不理的想法，正是做事缺乏责任心的根源，它将极有可能导致工作中严重的错误或事故。

工作中，没有任何一件小事，小到可以被抛弃；没有任何一个细节，细到可以被忽略。"海不择细流，故能成其大；山不拒细壤，故能成其高"，成功从来就不是一蹴而就的。大事是由众多的小事积累而成的，忽略了小事就难成大事。从小事做起，逐渐锻炼意志，增长才智，日后才能做大事，而眼高手低者，是永远也干不成大事的。因此从小事中见精神、得认可，以小见大，见微知著，赢得人们的信任，你才能得到干大事的机会。

3. 对工作细节的处理决定着你的成功

很多事实证明，事业成功源于"细"。阿基米德从洗澡水溢出澡盆这一细节得到灵感，发现了浮力定律；牛顿从苹果由树上掉下这一细节得到启示，提出了万有引力定律；丰田汽车把精细化的生产管理落实到细节之中，创造了辉煌的业绩；海尔公司始终坚持"精细化、零缺陷"的经营理念，使一个亏损企业发展成为世界家电品牌……

密斯·凡·德罗是20世纪最伟大的四位世界建筑师之一，在被要求用一句话来描述他成功的原因时，他只说了五个字："魔鬼在细节。"他反复强调的是不管你的建筑设计方案如何恢宏大气，如果对细节的把握不到位，就不能称为一件好作品。细节的准确、生动可以成就一件伟大的作品，而对细节的疏忽则会毁坏一个宏伟的规划。

小事就是细节，关注细节是每一个员工的责任，也是每一个与公司利益相关的人必须做到的；每一个员工在所执行的职责内都应该认真做到客户无小事，公司无小事。客户的事再小，也与客户是否对公司100%满意这种完美结局紧紧联系在一起。所以万科强调："我们1%的失误，对客户而言，100%都是损失。"每个客户都希望员工重视他们的任何一件小事，任何小的疏忽都会造成客户的不满，甚至可能产生十分严重的后果，因此，客户的每件小事都是大事，只有把每一件小事做到位，大事也才会随之实现。

一个成功的员工往往把自己的优秀体现在一个个细节中，他对细节的关注给顾客带来的是一种体贴入微的舒心感。而他的成功，也往往是从重视这一个个细节中获得的。老子曾说："天下难事，必作于易；天下大事，必作于细。"他精辟地指出，想成就一番事业，必须从简单的小事做起。

生活的一切原本都是由一些小事、一些细节构成的，如果一切归于有序，决定成败的必将是微若沙砾的小事、细节，细节的竞争才是最终和最高的竞争层面。在今天，随着现代社会分工的越来越细和专业化的程度越来越高，一个要求精细化管理的时代已经到来。因此，要担负起自己的责任，做好自己的工作，就是从小事做起，从细节做起。

被人们称为世界上最成功的推销员的乔·吉拉德认为，做一个专业的推销者，细节观念是非常重要的。一个专业、成功的推销员必须具备一种注重每个细节的精神。注重细节使乔·吉拉德创造了12年销出13 000多辆车的吉尼斯世界纪录。其中一年曾经卖出1 425辆，在同行中被传为美谈。这些都是和他注重细节的工作精神分不开的。

案例链接

一家汽车公司招聘管理人员，来了不少应聘者，看起来每个人都很精明能干。面试者一个个进去，又一个个出来，看起来都胸有成竹。面试只有一道题：谈谈你对责任的理解。对于这个考题，很多人都认为简单得不能再简单。然而结果却出人意料，没有一个人被录取，难道这家企业成心不想招人？

"其实，我们也很遗憾，我们很欣赏各位的才华。你们对问题的分析条理清晰、有理有据，令各位考官非常满意。但是遗憾的是，另外一道题你们都没有回答。"老板说。

大家哗然："还有一道题？""对，还有一道。你们看到躺在门口的那个笤帚了吗？有人从上面跨过去，有人甚至往旁边踢了一下，却没有一个人把它扶起来放在一边。"小节最能体现品性。麦当劳的创始人克洛克说："我强调细节的重要性，如果你想经营出色，就必须使每一项最基本的工作都尽善尽美。"真的，小节最能体现一个人的品性，最能体现一个人的工作观、价值观、人生观。

做一做

你是一个有责任心的人吗？对以下问题回答"是"或"否"，然后对照评估：

1. 与人约会，你通常准时赴约吗？
2. 你认为你这个人可靠吗？
3. 你会因未雨绸缪而储蓄吗？
4. 发现朋友犯法，你会通知警察吗？
5. 出外旅行，找不到垃圾桶时，你会把垃圾带回家去吗？
6. 你经常运动以保持健康吗？
7. 你忌吃"垃圾"食品、脂肪含量过高的食物和其他有害健康的东西吗？
8. 你永远将正事列为优先，然后再休闲吗？
9. 你从来没有放弃过任何选举权利吗？
10. 收到别人的信，你总会在一两天内就回复吗？
11. "既然决定做一件事情，那么就要把它做好。"你相信这句话吗？
12. 与人相约，你从来不会耽误，即使自己生病时也不例外吗？
13. 你曾经犯过法吗？
14. 在求学时代，你经常拖延交作业吗？

15. 小时候，你经常帮忙做家务吗？

说明：上述问题除13和14题答"否"加1分，答"是"不加分外，其余的问题答"是"加1分，答"否"不加分，加一加，看一看你的责任心有多少。

分数为10~15分：你是一个非常有责任感的人。你行事谨慎，懂礼貌，为人可靠，并且相当诚实。

分数为3~9分：大多数情况下，你一直都很有责任感，只是偶尔有些率性行为，没有考虑得很周到。

分数为2分以下：你是个完全不负责任的人。

第六节　主　动

美国文学家梭罗曾经说过："最令人鼓舞的事实，莫过于人类确实能主动努力提升生命的价值。"人生就是一个主动追求并不断探索的过程。只有主动地去拼搏、去争取、去奋斗，才有机会抓住机遇，不会留下遗憾。

一、主动的含义

所谓主动就是能够造成有利局面，使事情按照自己的意图进行（与被动相对）。

一般人常常认为，只要准时上下班，不迟到、不早退就算完成工作了，就可以心安理得地去领工资了。其实，工作首先是一个态度问题，工作需要认真和尽力，需要踏实和勤恳，更需要积极主动的精神。对企业和老板而言，他们需要的绝不是那种仅仅遵守纪律、循规蹈矩，且缺乏积极主动精神的员工。

二、主动的基本内涵

1. 主动是一种积极的做事态度

纵观古今中外，不论是个人还是组织的成功都是通过主动追求而取得的。孔子并不是因为七十二个人跟着他而出名的，孔子从一开始就主动地把自己的思想理念向人传播，而且是向王侯将相传播，有人接受了他的理念，相信他的理念，为他的主动精神所感动，也开始主动传播他的理念，于是他们就成了他的门徒。如果他从没有向一个人说起，没有人知道他懂什么，没有当初的主动，也没有今天的孔子。很多事都可以通过主动追求而获得，如果不主动，你就会一无所获。

2. 主动是一种积极的进取精神

主动在于我们自身，就是要克服行动的恐惧。

案例链接

【案例一】

美国有个叫琼斯的新闻记者,极为羞怯怕生。有一天上司叫他去访问布兰德斯,琼斯大吃一惊,连忙说:"不行不行,他根本就不认识我。"在场的一个记者拿起电话拨通对方秘书办公室:"你好,我是《明星报》的记者琼斯,奉命采访布兰德斯法官,不知道他今天能否接见我几分钟?"琼斯一听吓坏了,在旁边急得大骂:"你怎么提我的名字?"这时电话里已传出声音:"一点十五分,请准时。""琼斯先生,你的约会安排好了。"同事滑稽地耸了耸肩,而琼斯一下子愣住了。"那一刻我上了二十几年来最重要的一课。"这是琼斯成名以后总在说的一句话。可见只有主动进取才是人生成功的开始。

没有成功会自动送上门来,也没有幸福会自动降临到一个人身上。这个世界上所有美好的东西都需要我们主动去争取。婚姻如此,财富如此,快乐如此,健康如此,友谊如此,学习如此,机会如此,工作如此。所以说,我们要学会主动,懂得主动去争取的道理。

【案例二】

三兄弟的薪水

兄弟三人同时在一家公司上班,但他们的薪水并不相同:老大的周薪是350美元,老二的周薪是250美元,而老三的周薪只有200美元。做父亲的感到迷惑不解,便向这家公司的老总询问原因。

老总没做过多的解释,只是说:"我现在叫他们三个人做相同的事,你只要在旁边看看他们的表现就可以得到答案了。"

老总先把老三叫来,吩咐道:"现在请你去调查停泊在港口的C船,船上皮毛的数量、价格和品质,你都要详细地记录下来,并尽快给我答复。"

老三将工作内容抄录下来之后,就离开了。5分钟后,他告诉老总,他已经用电话询问过了,就这样,一通电话就完成了他的任务。

老总再把老二叫来,并吩咐他做同样一件事情。一个小时后,老二回到总经理办公室,一边擦汗一边解释说,他是坐公交车往返的,并且将船上的货物数量、品质等详细报告了出来。

老总再把老大找来,先将老二报告的内容告诉他,然后吩咐他去做详细调查。两个小时后,老大回到公司,除了向总经理做了更为详尽的报告外,另外又汇报说他已经将船上最有商业价值的货物详细记录下来。为了方便总经理和货主订契约,他已约货主第二天上午10点到公司来一趟。回程中,他又到其他两三家皮毛公司询问了货物的品质、价格,并请可以做成买卖的公司负责人明天上午11点到公司来。

在暗地里观察了三兄弟的工作表现后,父亲恍然大悟地说:"再没有比他们的实际行动更能说明这一切的了。"

唯有那些主动出击、善于创造机会和把握机会的人,才有可能从最平淡无奇的生活中找到一丝机会，用积极的行动改变自己的处境，使自己的人生之船到达理想的彼岸。

三、主动的基本要求

1. 主动做事

初入职场或工作经验不多的员工，不仅要按时完成领导安排的工作任务，而且要注重工作质量，认真细致，不出或少出差错。同时要注意与同事多交流，注意请教，借鉴别人好的工作方法和经验。完成好每件领导交办的任务后，要围绕岗位主动地找事做、找活干，主动学习。熟知自己的岗位职责，并要学"新"学"旧"。"新"指新知识——是学习与工作有关的政策、法规和文件精神，甚至是时事政治，岗位业务知识、方法和技能；"旧"指以前的经验和技能——是前辈的工作积累，如业务科室有资料汇编，职能科室有一些经验总结，学好这些对工作会有所启发。

2. 主动思考

对上级布置的任务，结合实际，做过的可以在好的基础上有所创新，已有全新思路的可以自己创新，但要取得领导的支持，且能保证以后可以组织实施好；没做过甚至完全没思路的，也可以借鉴一些兄弟单位成功的做法和经验，以此来启发自己思考部门和单位的工作或活动方案（计划）；也可以在网上搜索一下，学而思，必然会有收获的。

3. 主动计划

凡事预则立，每天列一下工作清单。同时对每件事、每项活动、每次任务制订较详细的计划。在问清楚要求的基础上，做好方案或计划，向自己的主管领导报告一下（可以把计划书电子版传输过去，并提醒"请修改"）。随后，当领导给予一定的修改意见时，我们就要按照领导修改的去实施；实施后及时找机会向领导反馈结果。

4. 主动提问、沟通

要做什么事，怎么做，没有工作经历的人可以多问有经验的同事，可以问问领导，也可以找同行探讨。经历过了则要学会积累。做事质量如何，可以通过与领导和同事的沟通去了解，一是要善于主动汇报。一般来说，领导会将工作成效反馈与你，如领导没有提起，也可以主动问一下"不知我还需要注意点什么"之类的。二是可以向同事了解，聊一聊。三是可以在专项工作中设计一些表格进行调查问卷，看看大家是否满意。总之不能自以为做得很好，如果做得还不够，就改正并提高。

5. 主动总结

当兵的要求"打过一仗，总结一下，提高一次"，作为工作人员应该在一定阶段，如每天或每周，最迟也得在每月对自己的工作进行一下总结回顾。每天记好工作日记，每天理一下"今天做了哪些？成效怎么样？明天要做哪些"，尤其是做得不够好的，就要记上"下次要注意的事项"；并在此基础上不断完善，最好能对每项工作建一个"如何做"的规范流程，并在实践中不断优化它。结合为单位网站写简讯和给上级写信息，总结提炼每一项工作，即使是旧主题，再做也是可以做出、写出新意的，只要用心！科室主任或团队负责人也可以组织对工作的讲评，分析工作得失，从而进一步提升整体工作水平。

如果你坐等领导来安排工作、关照好怎么做，坐等领导来问"做没做，做到什么程度"，坐等领导和同事反馈工作进行得如何，久而久之，就会让大家感觉你是仅把自己定位于流水线上的一个工勤（况且好的工勤也需要积极主动）。同时也要注意不要矫枉过正，主动积极地"盯着领导做选择、做批示"，而不是自说自话代替领导做选择、做批示，也不报告，这不是真正意义上的积极主动。

案例链接

怎么才是"我要做"

我们来看一个发生在世界著名酒店——里兹·卡尔顿酒店的故事：一个行李员接到一个电话，原来有一位刚刚离开的客人将一份文件落在了酒店里。第二天九点，这位客人出庭的时候将需要用到这份材料。而无论他回来取或者派人送到机场去都已经不可能了，因为再有半个小时这位客人就要登上从华盛顿飞往纽约的飞机了。

听着电话里客人焦急的声音，行李员下决心在开庭前一定要将材料送到客人手中，于是自费买了一张机票，搭乘当晚最后一班飞机飞往纽约！做这样的决定并不容易，因为他知道酒店是不可能给他出路费的，而且在工作时间自作主张跑到纽约去，他可能会因此被炒鱿鱼。但他认定了帮助这位客人也是他工作的一部分，虽然员工守则中并没有注明一个行李员要这样做。

客人在法庭门口接过文件时，那份感动和感激无法用语言来表达。当行李员忐忑不安地回到酒店时，让他没想到的是，自己受到了最隆重的接待：总经理、部门经理都站在门口列队等候。原来那位客人打电话到酒店，表达了自己的感激之情，说像行李员这样具有主动服务意识的员工真的很难得，并且表示以后到华盛顿去，一定还要住在拥有这样优秀员工的里兹·卡尔顿酒店里。这件事后来被《纽约时报》的一位记者知道了，于是写了一篇非常感人的报道，一时间大家都知道里兹·卡尔顿酒店有这样一个主动帮助客人、积极服务的员工。为此声名大振的里兹·卡尔顿酒店，特别开展了向这位普通员工学习的活动。

这位行李员的身上体现出来的主动精神，值得每一个职场人士学习。只有真正将自己当成岗位的主人，才能不斤斤计较，主动自发地做好每一件事情，甚至连自己分外的事都主动去做。如果能够做到这一点，又何愁没有大的发展、没有新的机会。

四、积极主动工作的重要性

许多公司都努力把自己的员工培养成对工作主动积极的人。因为只有这样的员工才勇于负责，才会有独立思考的能力。他们往往会发挥创意，出色地完成任务。他们不墨守成规，不害怕犯错，不会像机器一样，别人吩咐做什么就做什么。

职场中评估自己做事是否积极主动的标准是什么？每天是老板在给你下命令，催着你问进度，还是你盯着老板做选择、做批示；前者的节奏掌握在老板手里，双方都很痛苦；后者的节奏掌握在你自己手里，大家都很开心。作为管理层必须做后者。这是2012年国家公务员面试题之一，也说明积极主动地工作对员工的重要性。

1. 对于企业来说，一个善于思考、积极主动的员工，要比一个只知干活而不知动脑的人更重要

善于思考、积极主动的员工，一定是比较注意观察市场、研究市场、分析市场、把握市场的人，只有这样的人才能成为不可替代的人。所以，不断思考、不断改进是你必须要做的事。

我们提前提交工作成果，就能为领导留出更充裕的调整时间，增加了他指挥若定的资本，领导自然会对我们的工作态度赞赏有加。如果我们在重大工作上总能提前完成任务，逐渐让领导认识到我们是能担大任之人，那么何愁好运不来？

明白了这个道理，并重新审视我们的工作，工作就不再成为一种负担，即使是最平凡的工作也会变得意义非凡。在各种各样的工作中，当我们发现那些需要做的事情——哪怕不是分内的事的时候，也就意味着我们发现了超越他人的机会。但是在积极主动的工作背后，需要你付出的是比别人多得多的智慧、热情、责任、想象和创造力。

那些一贯被动工作的人，不但不会主动争取新的工作，甚至连老板交代的工作也要一再延误，最后勉强做好。这种被动的态度自然会导致工作效率下降，久而久之，即使是已经交代甚至一再交代的工作也未必能够做好，因为这样的人总是想方设法去拖延、敷衍。如此一来，又怎能指望公司会分派一些具有挑战性的工作给他们呢？而这样的人自然也会失去晋职、加薪的机会。

其实，公司是一个实现自我价值的平台。你通过自己积极主动的工作，为企业做出贡献，企业通过你的工作取得了效益，因此，它除了给你报酬，还给你提供了机会，让你实现自己的理想。所以，如果你对工作总是采取一种应付的态度，能少做就少做，能躲避就躲避，敷衍了事，那么你其实是在敷衍自己。

2. 对于个人而言，一个积极主动的人总能发掘出无穷的机会

养成了率先主动的工作习惯，就掌握了个人进取的精义。那些以无比的热情看待自己的工作和事业的人，总能发掘出无穷的机会。相反，那些被动的人只能永远等着别人给他安排任务，而且还要推脱搪塞，与此同时，他也推掉了机会。

要想把握住转瞬即逝的机会，一个积极主动的人就必须学会说服他人，并且向别人推销自己或自己的观点。当然，在说服他人之前，要先说服自己。激情加上才智往往折射出一个人的潜力。

案例链接

某集团打算招聘一位技术主管，在众多求职者中，甲先生、乙先生二人在个人的知识、技能和能力方面都很接近。两天之后，正当公司犹豫录用哪一个人更合适时，乙先生主动给公司的人力资源部打了一个电话，并寄了一封信过来，信中表达了他对这家集团的向往以及他为什么认为自己是合适的人选，此外还有他已经发表的论文、老师的推荐信和他希望来公司做的课题等。尽管他毕业的学校不是中国最有名的学校，但积极主动的自我推销使他最终胜出。

只有主动，才会让雇主惊喜地发现你实际做的比你原来承诺的更多，你才有机会获得加薪和升迁。如果你只是尽本分，或者唯唯诺诺，对公司的发展前景漠不关心，你就无法获得额外的报酬，你只能得到自己应得的那一部分，当然，这比你想象的要少。

可以说，现代职场上的所有工作在你干了三个月之后都会变成简单的重复劳动。所以，做任何工作都要找到它对整个公司运作的意义！只有这样，工作才不会显得枯燥乏味。

比如，你给客人泡茶，这事看起来很平常。但是，如果你知道自己这项工作的意义，就会主动起来，希望给客人留下一个良好的印象。由于你给客人留下了良好印象，无形中就可能会给公司的发展带来机会……因此，即使是给客人泡茶这种小事，也是对公司的一份贡献。

有时，你可能觉得老板是将你随便安排在一个岗位上，是在浪费人才。其实，公司作为一个追求盈利的组织，在调配人力资源的时候，一般不会让职员去干他不擅长或不适合的工作。既然公司把你招进来了，就说明你是个人才，他们对分配给你的工作也寄予了厚望。所以，如果分配给你的工作与你当初想象的不一样，这也许是他们发现了你自己原来没有意识到的特长，对你来说，这也许是个新的机会。

五、树立主动观念的几点建议

1. 学会主动开拓

有些刚刚走出大学校门的年轻人，面对自己从未接触过的工作，一时手足无措，每当领导交给他们工作任务时，总是要问一问该怎么办，这种做事方法使他们出现了依赖心理——只会被动服从，不会主动开拓。

积极主动是职场一种极其珍贵的素质，它能使你变得更加敏捷、更加能干。作为职场新人，你每天多做一点，上司和同事就会更关照你和信赖你，从而给你更多的机会，你就能从竞争中脱颖而出。生活是公平的，你流了多少汗水，就会有多少收获，当你斤斤计较，不肯做一点分外的事时，往往颗粒无收。

如果你想有好的人际关系，就必须选择主动问候；如果你想有机会晋升，就必须主动争取任务；如果你想提高自己的演讲能力，就必须主动发言。记住，除了你自己，没有人可以阻挡你。当你主动的时候，一切将变得容易，世界将变得和谐，人生自然会变得美好。

成功的人很早就明白，什么事情都要自己主动争取，并且要为自己的行为负责。没有人能保证你成功，只有你自己；也没有人能阻挠你成功，只有你自己。要想获得成功，你就必须敢于对自己的行为负责，没有人会给你成功的动力，同样也没有人可以阻挠你实现成功的愿望。

2. 正确看待"打杂"

小萌现在对自己的工作干得一点劲儿也没有，她是公司的文秘兼内勤，公司大大小小琐碎的事情都要由她管。她觉得自己在这份工作中找不到任何动力和激情，学不到任何本领和技能，所以感到很郁闷、很压抑。她觉得老是这么"打杂"没有什么意义，总是希望自己的生命更有意义些，更加丰富多彩些。因此，她一直盘算着"另谋高就"。

许多职场新人都觉得"打杂"很没面子，不好意思对同学朋友讲真话。其实，大可不必。事实上，所有具体的工作永远都是繁杂琐碎的。不管你是做文秘、销售，还是客服，都是一样的。

"打杂"并不会有损于你的尊严。在那些成功人士的眼中，"打杂"可能就是"机遇"的同义词。

通过打杂，你可以慢慢熟悉公司业务的工作流程，并开始为自己将来从事具体业务收集基础信息。比如，在为上司打字的时候，你就可以琢磨上司是怎么写合同和协议的；你可以利用收发国内外来往传真和整理档案的时候，学习业务知识，掌握做合同和谈判的流程与技巧。通过这样的"打杂"，你自己就可以慢慢摸索出其中的门道，将来一旦开始做具体业务，你一定可以成为上司的得力助手。

机会空间来自自己的主动，主动的人是最聪明的人，是团队中最好的伙伴，是人人都想要有的朋友。永远要记住，主动精神是你最好的老师。在困难面前，可以帮助你的是自己的主动精神，而不是运气。

第七节　服　　务

一、服务的含义

通俗地说，服务是对他人有益的行为。现在，企业所谈的服务，又有特定的含义：服务是一种可供销售的活动，是以等价交换的形式为满足企业、公共团体或其他社会公众的需要提供的劳务活动或物质产品。

从表面上看，服务是一种有益于他人的行为，实际上，服务体现出服务人员的基本素质、精神状态和文明程度。从结果来看，服务别人其实就是在成就自己。

二、服务的基本要求

首先，服务是一种产品。

在市场经济中，服务是与硬件、流程性材料、软件并列的四种通用产品之一，简而言之，服务是一种产品。

一旦将服务置于市场中，以盈利为目的，获得报酬，则显示出服务的交换价值。与其他通用产品不同的是，服务的特点是活动过程的结果和顾客的消费同步，或者说服务在成为产品的同时就成了商品。任何服务都凝聚了服务者的劳动，有的甚至是十分高级的劳动，如科技研究、管理顾问、人才培训等。服务劳动同样是创造价值的劳动。

其次，服务有质量要求。

服务质量是指服务满足规定或潜在需要的特征和特性的总和。服务质量具有如下几大特征：

(1) 对服务人员素质的依赖性。

服务人员面对面地为顾客提供服务，这种特殊商品的生产和消费是同时完成的，服务质量的现场控制几乎完全依赖于服务人员的素质。

(2) 服务质量标准的动态性。

服务质量的优劣是对特定服务对象而言的，同样的服务，不同的顾客对它的评价往往具有很大差异。统一的质量标准不可能适应不同顾客的要求，而且，对服务态度、服务方式等不可能规定定量指标，只能用指示性与限制性相结合的服务规范加以约束。

（3）服务质量的短暂性与起伏性。

服务是由一次次具体活动构成的，每一次活动结束，质量形象就留在顾客的心目中，无法修补。服务质量具有起伏性。认真一抓，服务质量马上提高；稍一松懈，服务质量立刻降低。

（4）服务质量构成的综合性。

服务质量是由有形实物质量（如餐馆的菜点质量、商店的商品质量等）、有形的服务设备和服务设施的质量（服务设备如通信、通风、照明、安全、卫生、计量、监测、包装、装卸等，服务设施如楼房、交易场所、餐厅、娱乐场、交通工具等）、有形的服务环境的质量和无形的服务劳动的质量构成的统一体。它们都是服务质量不可分割的组成部分。

（5）服务质量的窗口性。

服务业是社会精神文明建设的窗口。透过这个窗口，可以看到一个国家、一个民族的精神状态和文明程度。此外，对服务业的质量要求也有定量和定性两种：

定量的如服务设施设备、服务环境、服务员、服务材料、服务时间等。

定性的如卫生、安全性、可靠性、保密性、方便程度、舒适性，以及服务人员的服务能力、服务态度、服务方式、应答能力、胜任程度、可信度、准确性、完善性、周到性、知识性、文明性、技艺水平等。

要想提供令人满意的服务，就必须关注服务的每一个瞬间，关注服务的全部过程；同时要注意提供全方位的服务，并能根据不同的顾客提供个性化服务。当然，营造良好的服务环境、建立完整的服务系统也是必不可少的。

阅读资料

海尔的"星级服务"有一套规范化的标准：售前、售中提供详尽热情的咨询服务；任何时候，为各位顾客送货到家；根据用户指定的时间、空间，给予最方便的安装；上门调试，示范性指导使用，保证一试就会；售后跟踪，上门服务，出现问题24小时之内答复，使用户绝无后顾之忧。

这些规范后来发展成为"五个一"：一张服务卡、一副鞋套、一块垫布、一块抹布、一件小礼物。这种"星级服务"细致到上门服务时，双脚套上一副鞋套，干活时先在地上铺一块垫布，以免弄脏地面，服务完毕后，再用抹布把电器擦干净。

在实施"星级服务"中，海尔还推出了"一、二、三、四"模式。海尔的"星级服务"目标是：用户有多少要求，海尔的服务内容就有多少；市场有多大，海尔的服务范围就有多大。

美国通用公司前总裁杰克·威尔奇这样评价：海尔通过真诚的服务，不断满足用户对产品服务方面的一个又一个新的希望，使消费者在得到物质享受的同时，还得到精神上的满足。

三、服务意识的基本内容

1. 真诚质朴

真诚、热情发自内心。《说文》中说："信，诚也，从人，从言。"人和兽的不同之处就在于人"言而有信"。孔子曰："人而无信，不知其可也。"诚信是人际关系之本，更是服务之本。

2. 尊重备至

尊重是殷勤待客服务的核心部分之一，缺少尊重将破坏和谐的关系。必须尊重顾客，以建立永久的良好关系，绝不能羞辱、为难、贬低客人，必须永远按照客户的要求和愿望行事。

3. 乐于助人

总是尽力帮助客户，以满足他们的各种要求，主要通过以下方式：预测客人的需求，主动帮助客户，向客户提供超前的服务。在当今社会中，以产品为重点转变到以客户为重点的观念已形成。

4. 温良谦恭

在为客户提供服务时要自信而不骄矜，遵循客人至上的理念，牢记"客户并不总是对的，但他永远是第一位的"，尽最大努力在可行的范围内满足客户需求。

5. 彬彬有礼

礼貌的含义是言行文明、举止大方、细致周全，礼貌能够给人留下美好而又永久的印象。

四、造就优质服务的几点建议

鲍勃·塔斯卡是世界上最有效的顾客服务中心论的实践者。他所在的罗得岛的林肯汽车经销店曾经一度居世界汽车销量榜的榜首。他不断取得前所未有的成绩：最值时获取其城市市场的24%的份额，其顾客的回头率通常保持在65%，是当时竞争对手的3倍。为了全力提升每一位营销员的积极性、主动性和创造性，塔斯卡让他们时刻怀有"今日工作不努力，明日努力找工作"的忧患意识。在他看来，服务是任何企业的基础，企业的首要工作是造就满意的服务。

1. 永不欺诈顾客

一旦欺诈了顾客，你就不可能把它"买"回来，得把他"赢"回来。而赢回顾客则要困难得多，付出的成本也更高。

2. 不要告诉顾客你没法完成他提出的服务

当顾客购买服务时，他不会认为有无法提供的服务。当他对现有服务不满意时，就做好下列三件事中的一件：弥补不尽如人意的地方；重新服务；退款并进行全面的服务创新。

3. 不夸口许诺，要始终出色地工作

绝不轻许无法履行的诺言，从而建立起信誉与信任。如果你不敢肯定有能力实现某个诺言，那么许诺时要留有余地。实现了原定目标，才能在顾客眼中建立起可靠的信誉。

4. 从顾客的需要出发，永远待客如雇主

使交易适合购买者，而非服务者，始终考虑购买者的花费。如果不确定如何对待顾客，那就待他如亲人。

5. 永远公平地对待每一位客人

为同样的商品统一定价，如果你在本月向10位顾客出售了同样的商品，务必使每个顾客付同样的价钱。否则你就是欺诈某些顾客，而不得不去弥补在另一些顾客身上所受的损失。

6. 永远努力使事情一次办成

你不会总是成功，但顾客最烦的莫过于为了一个问题而反复纠缠。与其多次进行服务补救而无济于事，不如一开始就把服务费退给顾客。因为纠缠的结果不仅使顾客的满意度损失，也使你的服务热情和服务信心受到伤害。

案例链接

在美国，有一个家庭妇女买了一包新上市的桂格麦片，尝了以后感觉不满意，她就以美国的消费者保护法令为依据要求退款。在她把抱怨信寄给桂格公司后，又仔细品尝了一次，发现味道还可以，也就把这事给放下了。很快，桂格公司给她寄来了一张退款支票，并诚恳地道歉，为产品不合她的口味而道歉，并欢迎她继续使用桂格公司的其他产品。她反倒觉得不好意思，另写了一封信告诉桂格公司，她现在蛮喜欢这个产品的，并且把退款支票退还桂格公司。然而桂格公司却给她送来了更多免费的新产品，同时请她把这个事刊登在公司的刊物上。桂格公司靠优质的服务，不仅保住了一位老顾客，而且因为这位老顾客吸引了更多的新顾客。

实训项目一：职业化素养情况调查

一、实训概述

【目的及要求】

结合工作诚信、敬业、纪律、责任、主动、服务、团队协作等多种职业核心素养的训练规则和建议，制订一份你在校期间的训练计划。

二、实训内容

【项目内容】

进行一次社会职业调查，调查5～10名社会就业对象，了解社会不同职业的职业化核心素质的基本要求。

【训练步骤】
1. 课后个人调查采访。
2. 完成如表1-2所示的职业化素养情况调查表。

表1-2 职业化素养情况调查

调查对象	职业名称	受教育程度	职业化素养（依次排序）
调查对象1 （工龄）			
调查对象2 （工龄）			
调查对象3 （工龄）			
调查对象4 （工龄）			
调查对象5 （工龄）			

三、实训结果

调查结束后，完成一份500~800字的调查感受。

实训项目二：职业化素养自我培养计划表

一、实训概述

【目的及要求】

通过规划职业化素养学习目标，促进自身职业化素养提升，实现顺利就业。

二、实训内容

【项目内容】

搜集你所在学校毕业生职场成功的事迹并加以总结分析。

【训练步骤】

（1）课后个人调查采访。

（2）了解成功人士具备哪些职业化素养。

三、实训结果

制订一份职业化素养自我培养计划,如表1-3所示。

表1-3 职业化素养自我培养计划

姓名		性别		出生年月		政治面貌	
班级				籍贯		城镇□ 农村□	
个人简历							
自我剖析							
自我培养规划(总目标及实现目标的做法等) 本人签名: 年 月 日			学年度具体目标				
			第一学年				
			第二学年				
			第三学年				
			第四学年				
指导意见						班主任签名: 年 月 日	

第二章

职业能力概况

> **心灵咖啡**
>
> 　　杨青山高考落榜后独自一人来到了××职业技术学院。面对父亲的叹息、母亲的埋怨，杨青山更加郁闷，于是暗自下决心："我一定会有出息，我一定不能让我的家人失望。"
>
> 　　杨青山一入校就有幸被任命为班长。但他越是负责，越是严肃，同学们越是反感和排斥，根本不配合他的工作。而且时不时还有闲言碎语，这让他很头痛。
>
> 　　期末干部改选，杨青山落选了。他噙着泪水，回想着过去，说："我究竟哪儿错了？我该如何做？"
>
> 　　杨青山没有忘记自己进校时暗下的决心，他不能再次让家人失望，更不能让自己失望。于是，他认真学习每一门功课，虚心向其他同学请教，期末成绩、专业考试排名名列全班前三。他积极参加学院各项活动，担任学院礼仪队队员，每次训练结束，他都会主动打扫卫生。每次寒暑长假学院组织校外实习时，他都会第一个报名参加。2006年12月，成都举办了四川省第二届大学生"鱼凫温泉杯"旅游艺术设计大赛，杨青山荣获金奖。
>
> 　　现在，杨青山已是学院礼仪队队长，勤工俭学部部长，与北京××旅游公司签订了就业协议。杨青山用自己的实际行动，改变着现实生活。

　　人都有惰性，戒懒与戒毒差不多，知易行难。人都很虚荣，就像爱美之心人皆有之。所以许多人本可成大才，可"懒惰"和"虚荣"使他们与成功无缘。当今时代，经济全球化进程日益加快，科学技术发展迅猛异常，知识经济浪潮汹涌，这给大学生的就业以及职业发展带来了机遇，也提出了挑战。市场经济，就是"优胜劣汰""适者生存"，谁都躲不过去。职业世界的变化，对人才素质的要求越来越高，给大学生的职业发展提出了新的要求。马克思有一句话："不学无术在任何时候，对任何人都没有帮助，也不会带来利益。"一个人在工作岗位上，如果不认真钻研业务，却还要谈进取，那就是在说空话。所以，当代大学生一定要把握就业形势，了解职业发展的趋势，珍惜在校生活，重视专业技能素质的培养，积极为今后的从业打下坚实的基础。

第一节　职业能力

　　任何一个职业岗位都有相应的岗位职责要求，合格的职业能力则是胜任某种职业岗位的必要条件。因此，求职者在进行择业时，首先要明确自己的能力优势以及胜任某种工作的可能性。

一、职业能力的概念

（一）职业能力的含义

职业能力是指顺利完成某种职业活动所必需的并影响活动效率的个性心理特征，是人们从事某种职业的多种能力的综合。

职业能力不仅是指动手能力或操作技能，还应包括知识技术的应用能力、与人合作能力、公关能力、协调能力等，即包括完成职业任务所需的全部能力。职业能力的高低反映了一个人在既定的职业方面是否能够胜任，也决定了一个人在该职业中取得成功的可能性。例如一位教师只具有优秀的语言表达能力是不行的，还必须具备一定的教学组织和管理能力，对教材的理解和使用能力，以及对教学问题和教学效果的分析、判断能力等。

具体分为两类：一般职业能力和非凡职业能力。一般职业能力是指人们从事不同职业活动所必需的共有能力。非凡职业能力是指人们从事某一特定职业所必须具备的非凡的或较强的能力。

职业能力主要包含三方面基本要素：

（1）为了胜任一种具体职业而必须具备的能力，表现为任职资格。
（2）在步入职场之后必须具备的职业素质。
（3）开始职业生涯之后具备的职业生涯管理能力。

（二）职业能力的类型

1. 操作型职业能力

其特点是以操作能力为主，是运用专业知识或经验，掌握特定技术或工艺，并形成相应的职业技能与技巧的能力。适宜从事打字、驾驶汽车、种植、操作机床、控制仪表等工作。

2. 经营型或管理型职业能力

其特点是以决策能力为核心，是能够广泛地获得信息，并以此独立地做出应变、决策或形成谋略的能力。适宜的职业类型有经理、厂长等管理领域及各行业负责人。

3. 服务型职业能力

其特点是以敏锐的社会知觉能力和人际关系的协调能力为主，是借助人际交往或直接沟通使顾客获得心理满足的能力。适宜从事商业、旅游业、服务业等方面的工作。

4. 社交型职业能力

其特点是以人际关系协调能力为核心，是深谙人情世故，能够掌握人际吸引规律，善于周转、协调，并能够使对方通力合作的能力。适宜从事联络、洽谈、调解、采购等方面的工作。

5. 艺术型职业能力

其特点是以想象力为核心，是运用艺术手段来再现现实生活和塑造某种艺术形象的能力。适宜从事写作、绘画、演艺、美工等工作。

6. 教育型职业能力

其特点是运用各种教育手段传授知识和思想，或组织受教育者对知识与态度进行学习的能力。适宜从事教育、宣传、思想政治工作等。

二、能力与职业的关系

（一）能力影响职业

能力是一个人能否进入职业状态的先决条件，是能否胜任职业工作的主观条件。无论从事什么职业总要有一定的能力做保证。从能力差异的角度来看，在职业选择时应遵循以下原则：

（1）注意能力类型与职业相吻合。

从能力差异的角度来看，人的能力类型是有差异的，即人的能力发展方向存在差异，职业研究表明，职业也是可以根据工作的性质、内容和环境而划分为不同类型的，并且对人的能力也有不同的要求，因而应注意能力类型与职业类型的吻合。能力水平要与职业层次一致或基本一致。对一种职业或职业类型来说，由于所承担的责任不同，又可分为不同层次，不同的层次对人的能力有不同的要求。因而，在根据能力类型确定了职业类型后，还应根据自己所达到或可能达到的能力水平确定相吻合的职业层次。只有这样，才能使能力与职业的吻合具体化。

充分发挥优势能力的作用。每个人都具有一个多种能力组成的能力系统，在这个系统中，每个人各方面能力的发展是不平衡的，常常是某方面的能力占优势，而另一些能力则不太突出，对于职业选择和职业指导而言，选择能充分发挥优势能力的职业特别重要。同样，在人事安排中，如能注重一个人的优势能力并分配相应的工作，会更好地发挥他的作用。

（2）注意一般能力与职业相吻合。

一般能力包括注意力、观察力、记忆力、思维能力和想象力等。不同的职业对人的一般能力的要求不同，有些职业对从业者的智力水平有绝对的要求，如律师、工程师、科研人员、大学教师等都要求有很高的智商；智力在相当大的程度上决定着其所从事的职业类型。

（3）注意特殊能力与职业相吻合。

特殊能力是指从事某项专业活动的能力，也可称为特长，如计算能力、音乐能力、动作协调能力、语言表达能力、事务能力、空间判断能力、形态知觉能力、手指灵活度与灵巧度等。要顺利完成某项工作，除了要具有一般能力外，又要具有该项工作所要求的特殊能力，如从事教育工作需要有阅读能力和表达能力；从事数学研究需要具有计算能力、空间想象能力和逻辑思维能力。如法官就应具有很强的逻辑推理能力，却不一定要有很强的动手能力；而建筑工应有一定的空间判断能力，却不需要良好的语言表达能力。

（二）职业对从业者能力的要求

（1）不同职业需要不同职业能力的原因：各职业的工作性质、社会责任、工作内容、工作方法、服务对象和服务手段不同，决定了它对从业者能力要求的不同。

（2）职业能力的形成：职业能力是在长期的职业实践中逐渐形成的，我们通过自身努力是可以不断提高的。努力学习文化专业知识、增强科技意识、加强专业技能练习是提高职业能力的有效途径。我们要分析自身的一般职业能力和非凡职业能力状况，挖掘潜能，发挥优势，提高职业能力。

三、职业能力的重要性

在这个市场竞争激烈的社会中，想要拥有更大的发展空间，一是个人要有超强的工作能力，二是要有较强的工作素质。任何一个公司、高效团队的发展，都需要有一批高素质的人才来支撑，这些高素质的成员并非只有超高的劳动技能，还要具有好品德，这些并不是在学校和课本里就能够学会的，而是要经过许多年的实践拼搏才能练就。所以很多企业在发展过程中，更加注重对人力资源的管理。同时更多的从业人员想通过参加相关专业的学习提升自己，不仅为企业的发展做出更大的贡献，同时也为自己开拓更大的发展空间，实现自己的人生梦想。

（一）合格的职业能力是胜任某种职业岗位的必要条件

任何一个职业岗位都有相应的岗位职责要求，一定的职业能力则是胜任某种职业岗位的必要条件。因此，求职者在进行择业时，首先要明确自己的能力优势以及胜任某种工作的可能性。在基本确定自己的职业能力和发展的可能性的基础上才能进行有效的职业选择。它包括专业技术能力和专业知识两方面。专业技术能力是指从事职业活动所必需的知识和技能，以及运用已经掌握的知识和技能解决生产实际问题的能力。专业知识是指从事某一专业工作所必须具备的知识，一般具有较为系统的内容体系和知识范围。掌握专业知识是培养专业技能的基础。

（二）职业实践和教育培训是职业能力发展的前提

1. 职业实践促进职业能力的发展

职业能力是在实践的基础上得到发展和提高的，一个人长期从事某一专业劳动，能促使人的能力向高度专业化方向发展。例如，计算机文字录入人员，随着工作的熟练和经验的积累，录入的速度会越来越快，准确性也会越来越高。个体的职业能力只有在实际工作中才能不断得到发展、提高和强化。

2. 教育培训促进教育能力的提高

个体职业能力除了在实践中磨炼和提高之外，最有效的途径就是接受教育和培训。像我们所熟悉的职业教育、专科教育、大学本科教育、研究生教育等，学生通过对有关知识和技能的掌握，提高了能力，对以后更好地胜任本职工作会有极大的帮助。

（三）职业能力是发展和创造的基础

职业能力是成功地完成某种任务或胜任某种工作的必不可少的基本因素，没有能力或能力低下，就难以达到工作岗位的要求。个体的职业能力越强，各种能力越是全面发展，就越能促进人在职业活动中的创造性发挥，就越能取得较好的工作绩效和业绩，也就越能给个人带来职业成就感。

四、大学生职业能力的培养方法

（一）加强对大学生职业观念的培养

大学阶段是大学生学习知识、培养能力、发展智力、丰富阅历、积累经验、准备承担成人责任的过渡期，也是大学生步入社会的准备期。对每一个大学生来说，大学阶段都是一生中最重要的时期之一。

（二）合理进行时间规划

权威的研究数据表明，每天你可利用的有效时间为3～4小时，如果你一分钟都不浪费，全部投入职业能力的发展，那么你最多能够有多少时间转移高级能量、提高职业能力呢？你职业能力训练的时间是从现在到毕业前一年的十月份，因为正式开始找工作的时间不是毕业那年，而是毕业前一年的十月份。所以如果你是大一的学生，最多还有3 300个小时，大二最多还有2 100个小时，大三最多还有1 500个小时，大四，即使所有课都旷了，也只有300个小时了。告诉你，这个时间的计算把你在寒假放烟花的时间都包括进去了。这1 000～3 000个小时有多少用于职业能力的专项训练，为你人生创造多少价值，将决定你一辈子挣二十万还是一千万。

（三）多方面提升自己的职业能力水平

无论从事什么职业，语言表达能力和人格魅力都是不可或缺的，因此，要培养自己这两方面的能力。锻炼自己在陌生人面前、在重大场合中的语言表达能力，还有清晰阐述复杂事物的能力以及在危急中从容言谈的能力，这些都是要训练的。而且还要了解现代企业的基本构架，明确企业各职能部门的工作任务，以及各职能部门对从业者的基本要求。另外，要根据自身的特点及爱好选择自己今后可能进入的部门，并针对本部门对从业者的能力要求来训练自己，使自己在毕业前基本具备必要的素质，做到有的放矢。同时，由于就业竞争压力很大，所以要尽可能多地了解各行业，对各行业的发展状况和发展潜力有一个基本认知，以便在今后的择业中有多方向选择，并做出正确决策。

五、大学生加强职业能力培养的重要性

1. 加强职业能力培养有利于学生树立正确的自我认知观念

进行职业能力培养要以职业生涯规划为切入点,然后进行正确的自我认知,正确认识自身的特性和潜在优势,能对自己的价值进行全面的定位,从而避免在择业当中出现高不成、低不就,眼高手低,最后导致盲目就业的现象。

2. 加强职业能力培养有利于培养学生的个性,使其增强社会竞争力

传统的高等教育一味强调学生理论知识的掌握,发展共性,忽略学生的个性,因而造成大量高文凭、低能力的"人才"充斥企业,给企业的发展带来一些阻碍,同时造成学生缺乏适应能力。对学生进行职业能力的培养,有利于学生从自身实际出发去发展自己。对知识、能力、素质的学习和提高,有利于充分发掘学生的自我潜能,培养学生的创新思维、创新意识,锻炼学生的自主创业能力,从而增强学生的社会竞争力。

3. 加强职业能力培养有利于学生树立正确的职业观,合理安排大学时间,增强学习效能

加强职业能力的培养与实践,可以使学生树立正确的职业、择业观,根据社会及企业需求,更客观、科学地设计自己的职业生涯,合理安排在校学习时间、学习资源,增强学习效能,实现人与职业的合理配置,有效缩短从"校园人"到"职业人"转变的时间,实现大学生由择业、就业逐步发展到职业、事业的终身可持续发展。

案例链接

若干年前,大学毕业的曹毅明在马来西亚加入易科,当时他只是一个普通的技术人员。

在工作初期,他不小心犯过错误,而且这个错误很"昂贵",给公司造成损失。当时上司问他:"你从中学到了什么?"曹毅明向上司汇报了事情的经过后,上司对他说:"以后不要再犯了。"自此以后,曹毅明严格要求自己,提高职业能力水平,再也没有犯过任何一丝错误了。

因为工作努力,曹毅明很快就被派到香港,去参与组建新公司。两年间,他从一个普通的技术人员到技术部门的负责人,进而成为整个香港地区的负责人。紧接着,易科进入中国内地,他又开始负责内地的组建工作,并寻找中国区总经理。

曹毅明看中了手下的周晓玲。周晓玲在易科最初是做财务的,两年后提出转做销售。曹毅明支持她去做,结果她表现的业绩非常好。而后又发现她有管理才能,3个月之后又做了决定——让她做销售经理,中国区所有需要签字的文件都由她来签。

半年之后,周晓玲代表中国区出席亚太区的各种会议。面对这种场面,她不够强势,但并不给她派助手,也没有派另外的高层指导她,而是充分放手让她锻炼,所以她成长得很快。结果,事实证明,她凭借自己的处事能力和认真努力,做得很好。就这样,几乎没有什么管理背景的周晓玲成为中国区的总经理。

而这位中国区的总经理，同样也不断鼓励员工尝试不同的工作，提供机会给员工去发觉自己的职业能力，让他们成长。

有一个做市场的人员，有一天提出要去做销售。照理说是很难的，但是周晓玲对他说："不怕你丢了潜在客户、做砸了一个单子。给你三个月的时间，如果你觉得自信了，我给你正式调换工作。"这个人现在是业绩非常出色的销售员。

第二节 职业素质

一、职业素质的概念

（一）职业素质的内涵

职业素质就是指一个人在职业活动中所体现出来的职业技能、职业道德、职业精神等。一个人要是缺乏良好的职业素质，那么就不可能取得突出的工作成绩；而一个团队，要是没有一支职业素质过硬的员工队伍，就不可能在激烈的市场竞争中占有一席之地。

素质是能力的基础，只有具备较高综合素质的人，才有可能练就职业所需的技能和资格条件，即职业能力。素质将很大程度上左右一个人的生存能力，进一步说将决定一个人的职业发展与成就事业的能力。影响和制约职业素质的因素很多，主要包括：受教育程度、实践经验、社会环境、工作经历以及自身的一些基本情况，如身体状况等。一般来说，劳动者能否顺利就业并取得成就，在很大程度上取决于本人的职业素质，职业素质越高的人，获得成功的机会就越多。

就我们每一个人来说，谋求一份适合自己的职业通常不是随心所欲的，而要把一份工作做好也并非轻而易举。随着各种竞争机制的完善以及同行业竞争的急剧升温，企业对上岗员工职业素质的要求更为严格。适者生存，生存竞争本质上就是人与人的较量，在市场竞争中则常常表现为一群人对另一群人的比拼。所以各个团队唯有培训出具备必要素质的人员并进行职业化岗前培训，才能实现生存与发展的目的。而作为个人，唯有在工作过程中不断修炼、充实和完善自己的精神境界，才能拥有稳定的工作保障，甚至较为优越的生活条件，进而升华自己的精神境界；也正是在这个意义上，职业素质培训才被更多高效团队所重视。

职业素质具有十分重要的意义。从个人的角度来看，个人缺乏良好的职业素质，就很难取得突出的工作业绩，更谈不上建功立业；从企业角度来看，唯有集中具备较高职业素质的人员才能实现生存与发展的目的，他们可以帮助企业节省成本，提高效率，从而提高企业在市场的竞争力；从国家的角度看，国民职业素质的高低直接影响着国家经济的发展，是社会稳定的前提。职业素质是人才选用的第一标准；职业素质是职场制胜、事业成功的第一法宝。

意大利诗人但丁在谈论人的知识和人品的时候说过这样一句耐人寻味的话："一个知识不全的人可以用道德来弥补，而一个道德不全的人却很难用知识去弥补。"的确，这个告诫提醒我们在学习知识、掌握技术的同时，不要忘了塑造自己良好的品格。我们之所以要培养自己的职业素质就是这个道理。即使我们的能力不如别人，但是素质绝对不能不如别人，我们应该不断完善自身素质。在当今竞争如此激烈的环境中，一个人要想有自己的立足之处，不但要有良好的技能，还要具备优秀的素质。

（二）职业素质的构成

（1）思想政治素质：指从业者政治方向、政治态度、理想信念、价值观等方面的状况和水平，理想信念是思想政治素质的核心。

（2）职业道德素质：指从业者在职业活动中表现出来的遵守职业道德规范的状况和水平。为人民服务是职业道德素质，集体主义是社会主义职业道德的基本原则。

（3）科学文化素质：指从业者对自然、社会和思维科学知识掌握的状况和水平。一个人科学文化素质如何，直接关系到职业素质的高低。

（4）专业技能素质：指从业者掌握和运用专业知识、专业技能的状况和水平。从业者拥有熟练的专业技能，才能有效地拓展自己的生存空间，增强自身的竞争实力，实现人生的价值。

（5）身体、心理素质：指从业者在职业活动中身体各种机能的状况和水平以及承受挫折、适应环境、调节心理的状况和水平。身体健康和心理健康的状况制约着其他职业素质发挥的程度。

二、职场从业人员必备的能力素质

企业的竞争就是人才的竞争，人才是企业的根本，是企业最宝贵的资源。因此，如何选择优秀的员工为公司工作，已经成为企业生存与发展的决定因素。换言之，从业人员素质的高低极大地影响着企业的成败。一般来说，企业所需要的人才必须具备以下各项条件：

1. 有良好的敬业精神和工作态度，道德品质好

对企业用人需求的调查结果表明，工作态度及敬业精神是企业遴选人才时应优先考虑的条件。对企业忠诚和工作积极主动的人是企业最欢迎的，而那些动辄想跳槽、耐心不足、不虚心、办事不踏实的人，则是企业最不欢迎的人。道德品质是一个人为人处世的根本，也是公司对人才的基本要求。一个再有学问、再有能力的人，如果道德品质不好，将会对企业造成极大的危害。

一般来说，人的智力相差不大，工作成效的高低往往取决于他对工作的态度，以及勇于承担任务及责任的精神；在工作中遇到挫折仍不屈不挠、坚持到底的员工，其成效必然较高，并会因此受到公司老板和同事们的器重和信赖。

2. 有较高的专业能力和学习潜力

现代社会分工越来越细，各行各业所需专业知识越来越专、越来越精。因此，专业知识及工作能力已成为企业招聘人才时重点考虑的问题。但在越来越多的企业重视教育训练、自

行培养人才的趋势下，新进人员是否具备专业知识和工作经验已不是企业选择人才所必须具备的条件，取而代之的是其接受训练的可能性，即学习潜力如何。现代社会，科学技术的发展日新月异，市场竞争瞬息万变，企业如要想持续进步，只有不断创新，而保持现状则意味着落后。企业所开展的一切工作都是以人为主体的，因此，拥有学习意愿强、能够接受创新思想的员工的企业，发展必然比较迅速。

所谓具有学习潜力，是指素质不错、有极高的追求成功的动机、学习欲望和学习能力强的人。现在有越来越多的企业在选择人员时，倾向于选用有学习潜力的人，而不是拥有专业知识的人。近年来，企业更流行的做法是，在招聘人员时，加考其志向及智力方面的试题，其目的在于测验应聘者的潜力状况。

3. 适应环境，反应能力强

企业在遴选人才时，必然注重所选人员适应环境的能力，避免提拔个性极端或太富理想的人，因为这样的人较难与人和谐相处，或是做事不够踏实，这些都会影响同事的工作情绪和士气。新人初到一个公司工作，开始时必然感到陌生，但若能在最短的时间内熟悉工作环境，并且能与同事和睦相处，取得大家的认同和信任，企业必定重视这名员工的发展潜力。反之，如果过于坚持己见，与人格格不入，即使满腹才学，也难以施展。

对问题分析缜密，判断正确而且能够迅速做出反应的人。在处理问题时比较容易成功，尤其是私营企业的经营管理面临诸多变化，几乎每天都处在危机管理之中，只有抢先发现机遇，确切掌握时效，妥善应对各种局面，才能立于不败之地。一个分析能力很强、反应敏捷并且能迅速而有效地解决问题的员工将是企业十分重视的人才，也是大有发展的人才。

4. 能够"合群"，善于沟通

随着社会日趋开放和多元化，沟通能力已成为现代人们生活必备的能力。对一个企业的员工而言，必然会面对老板、同事、客户，有的还需要处理企业与股东、同行、政府、社区居民的关系，甚至要与其他单位或个人进行协调、解说、宣传等，可见沟通能力的提高有多重要。

在当今的社会里，一个人再优秀、再杰出，也不能只凭自己的力量就获得事业上的成功。凡是能够顺利完成工作的人，必定具有集体主义精神。员工在个性特点上要具有集体主义精神或合群性，这几乎已成为各种企业的普遍要求。个人英雄主义色彩太浓的人在企业里不太容易立足，因此想要做好一件事情，绝不能仅凭个人爱好独断专行。只有通过不断沟通、协调、讨论，优先从整体利益考虑，集合众人的智慧和力量，才能做出为大家接受和支持的决定，才能把事情办好。

5. 自我了解，善于规划

对人生进行规划或设计的思想近来逐渐受到人们的重视。所谓人生设计，是指通过对自我的了解，选择适合的工作或事业，投身其中并为之奋斗，对财富、家庭、社交、休闲等进行切实可行的规划，以满足自己的期望。人生目的明确、自我能力强的员工不会人云亦云、随波逐流。他们即使面临挫折，也能努力坚持，不会轻易退却，因而能在生产或其他工作中发挥主观能动性。

6. 身体状况好

一位能够胜任工作的员工，除了具有良好的品德、能力、个性等因素外，健康的身体也是重要因素。所以，成功的事业寓于健康的身体，一个身体健康的员工，做起事来精力充沛，干劲十足，并能担负较繁重的工作，不致因体力不支而无法完成任务。

三、提高职业素质的意义

社会发展要求从业者的职业素质不断提高。一是社会政治文化发展要求从业者提高思想政治素质和职业道德素质。时代的发展，环境的变化，各种关系日趋复杂，理想信念问题越发突出。二是科技发展要求从业者进一步提高科学文化素质和专业技能素质。三是工作、生活的节奏加快，要求从业者提高身体心理素质。竞争加剧，没有健全的体魄和健康的心理，就难以承受挫折和适应日益复杂的环境。提高职业素质具有重要的意义。有利于提高劳动生产率。从业者技艺娴熟，可以提高工作效率，降低成本。有利于推动社会发展和科技进步。高素质的劳动者善于开拓进取，不断进行技术革新和发明创造。有利于促进人的全面发展。职业素质是人的全面素质的一部分，各方面素质相互影响。

四、树立正确的职业价值观

具备扎实职业能力和良好职业素质的大学生，也将拥有积极进取、不畏艰难困苦的务实就业观念。随着现代社会分工的发展和专业化程度的增强，市场竞争日趋激烈，整个社会对从业人员职业能力、职业观念、职业态度、职业纪律和职业作风的要求越来越高。这就要求大学生在求职择业过程中必须持有正确的职业观。

（一）敬业爱岗，树立正确的待遇观

所谓敬业精神，就是一个人对所从事职业的忠诚和热爱。敬业就是要热爱本职工作，忠于职守，对社会负责，对人民负责，保证工作质量，对技术精益求精。目前，用人单位除了重视能力外，越来越看重一个人的敬业精神。对于刚出校门、没有什么资历和经验可言的大学生，首先获得社会认可的素质就是敬业精神。人的生存当然需要金钱，但是盲目追求金钱的观念必然受到其他观念的制约和限制。有的同学做事也很敬业，但在待遇方面又表现出咄咄逼人的气势，斤斤计较劳动所得，让用人单位领导感到为难。主要原因在于他们没有树立正确的待遇观。我们知道，人的需求是多层次的，既有物质的需求，又有精神的需求。物质需求的满足会给人带来幸福和快乐，但仅至于此，这种满足显得平庸。只有加上精神需求，人的幸福感才显得高尚，值得称道。因此大学生就业中要树立正确的需求观。金钱和物欲只是需求的一部分，人还有道德观念、事业心、成就感、责任感、理想与信念等诸多需求。

（二）服务群众，奉献社会，树立正确的苦乐观

人的一生，总是在不断地服务群众、奉献社会、追求美好未来中度过。在大学生择业

中，这种追求与憧憬表现得更为强烈、更为丰富、更为远大。但有些同学在择业时，往往难以安于贫苦，总在想：何以别人住别墅、开小车，自己却不能？这种想法对树立正确的职业价值观是有百害而无一利的。在物质水平普遍提高的今天，大学生要时刻牢记保持艰苦奋斗的作风。

（三）诚信公道，树立客观的地位观

有人说，天下没有一种广告能比诚实的美誉更能取得他人的青睐。对于当代大学生来讲，诚实与守信尤为重要。在择业的浪潮中，有些同学不按照市场规律和行业规定办事，投机取巧，缺乏诚信意识，总想在市场经济大潮中走"捷径"，结果往往是船毁人亡，一败涂地，后悔莫及，还有不少毕业生在择业时总想选择知名度高、效益好的单位，追求高的职业地位，这种想法往往是不切实际的。不经过努力就得到的东西都不会长久，经不起时间的考验。大学生在择业时要制定出符合实际择业的期望目标，使自己的能力、风格和兴趣与所选择的单位发展相一致。合理地给自己定位，既能兼顾所学的专业，又能适应社会的需求。

五、正确择业

（一）树立崇高的职业理想，重视人生价值实现

职业活动是人谋生的方式和手段，是人奉献社会、完善自身的必要条件。不应单纯地把就业看成是谋生的手段，更要把就业视为一生所追求的为社会服务的事业，重视人生价值的实现。

服从社会需要，追求长远利益。大学生在择业问题上注重选择"收入高""工作舒适稳定""名声好地位高"的职业，这从个人主观愿望看，无可厚非。但从现实看，并不能尽如人意。人选择职业，职业也选择人。考虑就业要切合实际，符合社会需要，要把对职业的期望与社会需要统一起来，着眼现实，面向未来，以积极主动的姿态面对就业。

（二）调整就业观念，清晰职场需求

目前，国内就业形势严峻。大家都希望挣钱越多越好，这也是许多职场人的主流职业价值观。然而，这种期望如果变成了"唯薪"主义，产生的结果很可能是大家选择钱多的工作而不是选择适合自己的职业，这必将给长远的发展带来巨大隐患。某人才网职业规划师提醒择业者，择业要现实、客观。

调整好求职心态后，还要看懂职业的需求。对于自己想从事的职业要进行深入综合的分析，务必了解该职业所需的学历、专业训练、能力、年龄、性格特点等要求，同时弄清楚职业的性质、工作环境、薪水待遇以及进一步发展的空间，当然还要考虑就业竞争机会。

另外，除了对职业和岗位深入了解之外，还必须清楚公司文化和人文环境。这样就不会在费尽心思找到工作后，因为与自己的期望相差甚远而放弃工作机会。某人才网上千份案例

数据显示，职场新人在工作第一年换3~5份工作的大有人在，他们总是在频繁地更换工作单位，许多人干脆走一步看一步，或以眼前的薪资做参考，或以环境是否舒适为指标，很多人不去从行业发展现状、优劣势、发展前景预测等方面着眼，理性而全面地思考问题，最终导致个人得不到长远发展。

（三）社会适应能力是提升就业能力的关键

学校和社会是有差距的，其运行规则和社会的运行规则有很大不同。这种环境的隔离，往往使得"象牙塔"里的大学生对社会的看法趋于简单化、片面化和理想化。一些企业对应届毕业生表现出冷淡的态度，其中一个重要原因就是刚毕业的大学生缺乏工作经历与生活经验，角色转换慢，适应过程长。企业在挑选和录用大学毕业生时，同等条件下，往往优先考虑那些曾经参加过社会实践，具有一定组织管理能力的毕业生。这就需要大学生在就业前注重培养自身适应社会、融入社会的能力。

另外，大学生在求学过程中应注意提高心理素质，尤其是在日常生活中注意锻炼自己坚忍不拔的性格；在求职中，充分了解就业信息，沉着、冷静应对所遇到的困难，用积极的心态扫除成功路上的障碍，到达胜利的彼岸。

"学有所长，敢于创新"是当今大学生求职立足的根本，是社会发展的时代主题。

人生是个大舞台，在人生这个大舞台中，作为当今大学生，要想真正发挥自己的作用，不辱"大学生"这一光荣称号，担负建设祖国未来的历史使命，在其职业生涯中大放异彩，就应树立远大的职业理想，永远牢记"天将降大任于斯人也，必先苦其心志，劳其筋骨，饿其体肤，空乏其身，行拂乱其所为，所以动心忍性，增益其所不能"的至理名言。

案例链接

在加入中国职业规划师CCDM这个行业前，郝小姐在某知名跨国管理咨询、技术服务和外包公司里从事技术工作。当初学习通信工程专业并非她的本意，填志愿那会儿，家里人认为通信行业会有不错的发展，没得商量就给报了。郝小姐大学期间学习成绩不错，毕业时"如愿以偿"地就迈进了通信技术岗位。

在这家公司一干就是五年。郝小姐早就明白，自己一点都不喜欢这份工作，只能是勉强上班混口饭吃。长时间与电脑等电子设备打交道，本来就不善于沟通的她，更加缺乏与人交流的机会，仿佛自己越来越退到一个封闭的空间里，这完全不是她想要的状态。郝小姐想要寻求改变。

后来，郝小姐开始大量收集各种信息和资料，希望能在万千信息中找到出路，找到一盏"导航灯"。就在梳理资料时，她看到职业生涯、职业规划这些关键词，立刻引起了她的注意，"对，就是这个词！"她感到自己的职业生涯，亟待重新规划、重新定位。也许，这就是从头再来的一个契机。

五一小长假期间，郝小姐在向阳生涯报名参加了CCDM职业规划师资格认证培训。通过培训课程的系统学习与训练，郝小姐深刻地理解到产业发展与人们的职业机会之间的关系，懂得了如何掌握产业发展趋势，增强了职业规划意识以及对未来的预见性。

之后，郝小姐又不断用新学到的理论去剖析自己的职业生涯发展历程，总结归纳之前工作中出现的种种问题，主动地向CCDM中国职业规划师请教，不停探讨和反思，对自己存在的问题反复进行更正和修补。

这次的学习，像是打开了一扇大门。郝小姐发觉自己开始慢慢爱上职业规划这个领域了，她用职业规划的理论和理念与过去自身的思维、观念及行为态度不停地对比，在此过程中寻找差距，修正了很多工作中不好的心态和行为习惯，转变了思维和观念：既然之前的工作难以带给我成就感，那就应该付诸行动，积极寻求转变。

两年后，她被一家大型外资猎头公司"猎走"，聘为高级猎头。同时她还开了自己的咨询工作室，专门为大学生做职业规划咨询。现在的她，整个人亲善、风趣、干练，以前所谓"程序女"的状态，早就不见了。

2018年中国就业8件大事

1. 将稳就业摆在"六稳"之首

2018年7月31日，中央政治局会议明确要求做好稳就业、稳金融、稳外贸、稳外资、稳投资、稳预期，将稳就业摆在"六稳"之首，放在更加突出位置。11月，国务院出台《关于做好当前和今后一个时期促进就业工作的若干意见》，针对当前经济运行稳中有变、经济下行压力有所加大的背景，重点突出"稳"，着力加强"促"，提出支持企业稳定发展、鼓励就业创业、积极实施培训、及时开展下岗失业人员帮扶等政策措施，打出促进就业政策组合拳。

2. 打造"双创"升级版

2018年9月，国务院印发《关于推动创新创业高质量发展打造"双创"升级版的意见》，提出推动更多群体投身创新创业、增强创新型企业引领带动作用、强化创新创业政策统筹和落实等打造"双创"升级版的八个方面政策措施。10月，国务院总理对2018年全国"大众创业，万众创新"活动周做出重要批示，指出要更大力度实施创新驱动发展战略，持续深入推进"双创"。10月，国务院副总理胡春华在第三届"中国创翼"创业创新大赛全国选拔赛和决赛的闭幕式上强调，要以供给侧结构性改革为主线，深入实施创新驱动发展战略，推进"双创"不断向纵深发展，促进更高质量和更充分就业。

3. 精准扶贫脱贫，扩大贫困人口就业规模

2018年3月，人社部、国务院扶贫办印发《关于做好2018年就业扶贫工作的通知》，要求以促进有劳动能力的贫困人口都能实现就业为目标，加大就业扶贫力度，确保零就业贫困户至少一人实现就业。7月，人社部印发《关于深入推进扶贫劳务协作提升劳务组织化程度的通知》，指导各地完善劳务协作机制，推动农村劳动力转移就业，提高就业扶贫中劳务组织化程度。9月，人社部、国务院扶贫办联合下发《关于开展深度贫困地区技能扶贫行动的通知》，提升职业技能培训，促进转移就业脱贫效果。

4. 高校毕业生"三支一扶"计划实施

2018年4月,人社部联合财政部印发《关于做好2018年高校毕业生"三支一扶"计划实施工作的通知》,明确了合理确定招募规模、积极拓展服务岗位等九方面具体工作,全国新招募2.8万高校毕业生到基层从事支农、支教、支医和扶贫服务。11月,人社部印发《关于举办2018年全国人力资源市场高校毕业生就业服务周活动的通知》,更好促进高校毕业生合理流动和配置,侧重就业扶贫,重点面向"三区三州"深度贫困地区的高校毕业生开展专场招聘活动。

5. 人力资源市场建设创新

2018年6月,国务院总理签署国务院令,公布《人力资源市场暂行条例》(以下简称《条例》),自2018年10月1日起施行。《条例》是系统规范在我国境内通过人力资源市场求职、招聘和开展人力资源服务活动的第一部行政法规,对人力资源市场培育、人力资源服务机构、人力资源市场活动规范、人力资源市场监督管理及法律责任等做了全面规定。

6. 推进公共就业服务增长

2018年3月至4月,人社部开展"公共就业服务我有话想说"活动,面向社会征集对全方位公共就业服务的意见建议。同期,就促会组织专家和一线工作者对构建全方位公共就业服务体系进行专题研究,提出重要建议。12月,人社部、发改委、财政部联合印发《关于推进全方位公共就业服务的指导意见》,提出完善城乡统筹的公共就业服务制度,扩大服务供给,创新运行机制,提供覆盖全民、贯穿全程、辐射全城、便捷高效的全方位公共就业服务,以全方位公共就业服务促进就业增长。

7. 全面推进企业新型学徒制

2018年5月,国务院印发《关于推行终身职业技能培训制度的意见》,提出要建立并推行覆盖城乡全体劳动者、贯穿劳动者学习工作终身、适应就业创业和人才成长需要以及经济社会发展需求的终身职业技能培训制度。10月,人社部、财政部印发《关于全面推行企业新型学徒制的意见》,全面推行以"招工即招生、入企即入校、企校双师联合培养"为主要内容的企业新型学徒制,促进企业技能人才培养,壮大发展产业工人队伍。11月,人社部、财政部、国务院国资委共同召开全面推行企业新型学徒制工作电视电话会议,部署全面推进企业新型学徒制工作。

8. 援企稳岗"护航行动",助力民营企业

2018年政府大力实施援企稳岗"护航行动",共向68.1万户企业发放稳岗补贴197.7亿元,惠及职工6 445万人。6月,人社部会同财政部联合印发《关于使用失业保险基金支持脱贫攻坚的通知》,提高深度贫困地区失业保险金标准、企业稳岗补贴标准,支持精准扶贫、精准脱贫。9月,人社部、全国工商联共同印发《关于联合开展"失业保险惠企政策进民企"专项宣传活动的通知》,要求省级及地市级人社部门和工商联借助政企沟通平台、结合工商联"法律三进"活动,助力民营企业攻坚克难、高质量发展、充分吸纳就业,助力建设一支知识型、技能型、创新型劳动者大军。

自我测评

测试一

在这个讲求精细化的时代,细节往往能反映你的专业水平,体现你的内在素质。"细节决定成败",可见细节的重要性,那么,你是一个注重细节的人吗?

1. 你总是觉得公司的制度有很多的缺陷吗?
   A. 是　　　　　　　　　B. 否
2. 当你进入别人的办公室时,其与你的办公室之间的不同之处你能很快发现吗?
   A. 是　　　　　　　　　B. 否
3. 你会去研究同行作品中一些看起来很无所谓的部分吗?
   A. 是　　　　　　　　　B. 否
4. 你是否经常为了使作品更加完美,而不能按时完成工作?
   A. 是　　　　　　　　　B. 否
5. 你爱好艺术吗?
   A. 是　　　　　　　　　B. 否
6. 与人交谈时,你除了听之外,还会注意别的吗?(譬如领带的颜色)
   A. 是　　　　　　　　　B. 否
7. 你会研究别人说出的话与其心理是否一致吗?
   A. 是　　　　　　　　　B. 否
8. 你会反复检查你的工作吗?
   A. 是　　　　　　　　　B. 否
9. 你是否为了能够掌握事物的变化规律而花掉大量时间?
   A. 是　　　　　　　　　B. 否
10. 为了做好一件事情,你会想出3种或者更多的解决方法吗?
    A. 是　　　　　　　　　B. 否

积分标准:A得2分,B不得分。然后将各题所得分相加。

测试结果

总分为16~20分。你是个注重细节的人,一丝不苟地做事是你的特点,注重细节观察,能力很强,很适合做一个艺术家。需要提醒的是,切忌为了完美而忘记一切,有时候要求效率。

总分为8~15分。你是个比较重细节的人,只是有时候不太认真,往往因为情绪不稳定而忽略细节。

总分为7分以下。你根本不重细节,做什么事情都是粗枝大叶、敷衍了事,给别人一种不负责的感觉。你要加强注重细节的训练,否则,很少有人会把工作交给你!

测试二

在一个开放式的现代化管理职场中,一定会有无冕之王,说话举足轻重;会有明星类的角色,喜欢哗众取宠;还会有小丑角色,是大家的开心果,是业绩的垫脚石;而一些默默无闻的角色,会突然杀出来,很可能就是匹黑马——这就如同是一台戏,你不仅要了解自己的角色分配,更要将他人一一归位,才能让自己的戏路更顺畅。

下面的六张牌即代表在职场中的6个不同角色,思考片刻后,选出你感兴趣的一张。

1. 黑桃 Q。
2. 红桃 K。
3. 黑桃 A。
4. 红桃 10。
5. 方块 J。
6. 小丑。

测试结果
黑桃 Q

Q 仅次于 KING 的分量,如拱猪中的那张"猪"牌,在大多数游戏中,它往往是有着灵活多变的特殊用途。

●角色定位:这类角色一般是女人,是公司的宠儿,或者说,她希望做公司里的宠儿。她最大的特点是通过各种途径来引起别人的注意。

▲角色致命点:过于张扬。如果 Queen 是你的同事:她们需要的仅仅是听众和观众。这类角色在工作中必然是有自己的一技之长,老板既然已经接受,那么你和她之间,关系融洽总好过关系紧张。

红桃 K

这是扑克牌里数值最大的一张牌。在大多数的游戏中,拿到它,总是意味着掌握更多的主动权。

●角色定位:虽然他和大家拿一样的薪水,但在众人心目中,他好像是中心。同事们对他也有明显的依赖情绪,都喜欢讨教他的意见。这一类员工大多已经拥有相当高的实力,在重大问题上很少积极表现,但最后总结成绩时,总是做出最大贡献。

▲角色致命点:成也无冕,败也无冕。如果 King 是你的同事:承认他的位置,但最好不要距离太近。无冕之王可以保证自己的位置,但他并没有保护你的能力。相反,在遇到办公室争斗时,距离他太近的你,因为经验值太弱,很有可能成为最先牺牲的炮灰。

黑桃 A

这张牌有时候是最大的,有时候等同于其他花色的A,有时候成了大家围追堵截的那张牌。

●角色定位:他们平时是不太显眼的,但习惯独来独往做自己的事,讨论的时候语气不夸张,但很坚持自己的观点。黑桃 A 往往都在某一个领域有不为人知的本事,或者是城府深,关键时刻往往特别能沉得住气。此类角色飞上枝头是早晚的事情。

▲角色致命点：招人非议。如果黑桃 A 是你的同事：和他们做朋友吧。这类人是可以维持一生的朋友。虽然都在同一个办公室里，但他们的能量是可以超过这间办公室的，并且会对你以后的工作发展都有良好的建议和影响，而且此类人一般都心地善良，不会心存歹念。

红桃 10

从 1 到 10，除了花色和数字的不同，这些牌长得都差不多。在任何游戏中，它们都是最普通的牌，任何玩法特殊的规则，都与它们无关。

●角色定位：这是公司里的大多数。工作负责，偶尔也会有小失误；待人诚恳，但利益往来时，都会在心底留个小算盘；他们是最让老板放心的一群人，因为他们不会生事。作为个体，在职场中，他们都是弱势的，只有当他们联合起来成为集体，才会让老板注意到其声音。

▲角色致命点：人云亦云。如果"普通牌"是你的同事，那么如果你想了解最新的办公室动向，要和他保持密切联系；如果想给领导提意见，最好以他为代表了解一下大家的普遍态度，是否有支持你的可能；如果你想成为办公室里不寻常的一员，那么取得他们的认可也是第一步。

方块 J

它是扑克牌里有着特殊地位的"士兵"。它与普通牌有显著的区别，在整个游戏中，总有特殊位置。

●角色定位：公司中的业绩精英。任劳任怨，踏实肯干，他的私人生活单纯而传统。对于领导，他是可靠但不能胜任领导工作的技术骨干；对于同事，他是业务精湛但过于死板的合作伙伴。

▲角色致命点：智商高，情商低。如果 Jack 是你的同事：向他学习业务，但不要把私人事情和他说太多。Jack 的思想是直线条的，因此即使你无意中提起的一句话，他也会转述给另一个人。

小丑

每副牌里都有两张小丑。他们的作用都很微妙，有时候可以充当任何一张牌，有时候又是游戏中最大数值的两张牌，有时候却代表霉运。

●角色定位：他们都很可爱，是公司里的活宝，在公司里也不会担任重要工作。每一个人都喜欢他们，包括领导。因此即使他们偶尔业绩不佳，领导也不会深究。大家不敢说的话，有时候推举他来做代言。

▲角色致命点：裁员时的第一人选。如果小丑是你的同事：如果你和他共同合作一项工作，那么你最好在领导面前，将两人的责任义务分清楚。因为当工作出现问题的时候，他的可爱和笑话，可是一点用处都没有的。

第三节 就业形势概况

当今时代，经济全球化进程日益加快，科学技术发展迅猛异常，知识经济浪潮汹涌，给大学生的就业以及职业发展带来了机遇，也提出了挑战。大学生就业难和用人单位招聘难同时并存，这已经是目前劳动力市场存在的普遍现象。职场世界变化很快，对人才素质的要求也越来越高，如何帮助在校大学生有效地培养职业能力已经成为迫在眉睫的重要工作。职业能力是大学生成功就业的核心竞争力，也是大学生职业素质最为关键的组成部分，职业能力的培养与提高更是大学生职业准备时期，甚至是未来职业发展时期的主要内容。因此，必须正确认识、准确把握大学生就业形势，了解职业发展的趋势，为选择并迈向正确的职业发展道路打下坚实的基础。

一、就业形势展望

据教育部中心统计数字显示，中国普通大学毕业生由 2002 年的 145 万，到 2007 年的 474.82 万，再到 2011 年的 646.13 万，在短短十年时间里毕业生人数增加几倍，2019 年全国高校毕业生规模达到 834 万，2020 年全国高校毕业生规模将达 870 多万。大学生就业形势日益严峻，这不仅是困扰着百万毕业生的一个问题，更成了这个社会普遍关注的问题。

就业形势严峻的主要原因是供给增多但需求不足。在供给方面，目前到今后很长一段时间，都是大学生进入劳动力市场的高峰时期。依据《国家中长期教育改革和发展规划纲要（2010—2020 年）》的设计，到 2015 年，高等教育毛入学率要达到 36%，2020 年要达到 40%。因此在"十二五"后期和整个"十三五"时期，大学毕业生人数都会增长。所以，以后每年都可能是大学生的"最难就业年"。

我国劳动力总体有富余，但专业技术人才仍将出现供不应求的局面。我国专业技术人才总量还存在供不应求的现象，大学生就业难问题仅仅为一种表象，我们应该看到更深层次的问题。首先，作为一名大学生是否学有专长，知识和能力结构能否达到技术人才的评判标准，能否符合社会需求。其次，个人就业意愿和社会意愿存在差异。我国的基层和中西部地区需要大量的科技人才，大学生能否重视这些就业机会。

二、当前就业形势的有利和不利因素

（一）有利因素

（1）大学生就业问题得到了前所未有的高度重视。教育部、公安部、人事部、劳动保障部联合发出通知，要求进一步做好扩招后普通高校毕业生就业工作，对新增的就业岗位优先录用符合资格条件的高校毕业生，大学毕业生总体上仍属供不应求。

（2）根据国家统计局的统计，中国受过高等教育的人仅占全国人口比例的 5.7%，而发达国家这一比例达到 30%~50%，美国达 60%，日本、韩国为 30%，不发达国家平均为

8.8%,中国在世界上的排名还没有达到不发达国家的平均水平。因此,目前中国并不存在大学毕业生已经多得分不出去的问题,中国仍属人才稀缺的国家。

(3) 中国经济的飞速发展,使就业空间进一步加大。中国经济的快速发展提供了广阔的就业可能。最近几年我国的国民经济生产总值的增长速度每年保持在6%~7%。专家预测每增加一个百分点,就会提供80万~100万个就业岗位。

(4) 加入世贸组织使就业机会增加。加入世贸组织,对我国经济发展产生了不可估量的积极影响,进出口贸易大量增加,对人才的需求也持续增加,我国新增就业岗位1 200万,就业机会增加33%。

(5) 非公有制经济单位对高校毕业生的需求急剧增加。

(6) 高新技术企业对高新技术人才需求加大。

(7) 实施西部大开发、振兴东北老工业基地、建设社会主义新农村等战略,带来了更多的就业机会。

(二) 不利因素

(1) 毕业生数量迅猛增加与社会有效需求短期内增幅有限之间的矛盾日益突出。

(2) 受长期计划经济和精英教育影响,部分毕业生择业观念存在偏差,就业期望值和社会需求差距较大。一方面,县、市中小企业急需人才,另一方面,部分毕业生不愿去第一线、去基层,有业不就的错位现象依然存在。毕业生的基层意识和创业意识有待加强,亟待做更加细致深入的思想教育工作和就业指导工作。

(3) 毕业生的能力素质与用人单位的要求也存在较大的差异,社会对毕业生学历层次的需求越来越高。

(4) 高等教育改革不适应市场经济发展的需要。部分高校对毕业生就业工作仍未引起足够重视,在专业设置、人才培养模式、培养目标等方面不能适应经济社会发展和人才与劳动力市场变化的需求。

【案例一】

毕业生小王来自云南罗平,毕业那年3月份还未落实工作。朋友去参加国家医药管理局的供需见面协调会,顺便将他的应聘材料带去,以便帮他落实工作。刚好有一家制药厂要他,专业对口,又是在家乡,然而他本人的择业意向却是:工作地点必须在昆明市,至于到昆明的什么单位,具体做什么工作都无关紧要,除此以外,什么单位都不考虑。在这种心态下,结果自然难以如愿。

小王的思想在当前毕业生的择业过程中具有一定的代表性。不少毕业生过于向往经济发达地区,尤其是沿海地区的中心城市,最低的期望也是回自己家乡所在地的中心城市。他们只注重经济文化发达、工作环境优越的一面,而忽视了这些城市人才济济、人才相对过剩的一面，择业期望值居高不下，甚至还有逐年上升的趋势，从而导致主观愿望与现实需求之间的巨大落差。像小王这样过分看重工作所在地的毕业生不在少数。根据调查，在衡量工作是否符合自己的标准时，有92%的毕业生要选择效益好、工资高的单位，超过85%的毕业生要求单位地处大中城市，愿意到急需人才的边远地区和艰苦行业的毕业生仅占2%。

【案例二】

在学校3月份举办的小型招聘会上，毕业生小李的父母在招聘会尚未开始时，就早早地到会场打听单位的情况。招聘会开始很久以后，小李才姗姗来迟，并由家长陪同前往用人单位摊位前面谈。面谈过程中，小李发言的时间还没有其父母多，结果谈了一家又一家，最终仍一无所获。

小李的问题出在择业过程中过分依赖他人，依赖他人是难以选择到一份满意的工作的。现在的毕业生中，独生子女所占的比例越来越大，他们的生活一帆风顺，没有经历过什么波折，再加上父母的过分呵护，客观上也培养了他们的依赖心理。这些毕业生大多缺乏主见，自我意识模糊，在择业中常会茫然不知所措，自己独立进行择业决策的能力差，所以在人才市场上，父母代替子女、亲友代替本人与用人单位洽谈的场面屡见不鲜。难怪有用人单位对依赖性过强的毕业生说："你本人都要靠别人来推销，企业还能靠你来推销产品吗？"

【案例三】

毕业生小D口才不错，在与用人单位代表面谈时自我感觉良好。一番海阔天空的高谈阔论之后，当对方问他的个人爱好是什么时，他竟得意扬扬地宣称是"游山玩水"，结果被用人单位毫不犹豫地拒之门外。

小D的失败是典型的自负心理造成的。自负在心理学上指过高地估计个人的能力，从而失去自知之明。在这种心理的支配下，不少毕业生在求职择业过程中，总是自以为是；自负自傲，自以为什么都懂、什么都会，夸夸其谈，结果留给用人单位的是浮躁、不踏实的印象。试想，有哪家单位肯要一个不知天高地厚、自命不凡、眼高手低的毕业生呢？

【案例四】

2018年3月，张某凭借河南某大学企业管理专业毕业生的身份，到上海某催化剂公司应聘行政助理职务，经过面试、考核等程序，张某顺利地被聘为该公司职工。同月，张某被公司通知到生产技术部操作岗位锻炼。公司对张某在公司的表现基本满意。到了这个阶段，张某认为自己已经达到了成为该公司员工的目的。

张某所提供的"个人简历·受教育情况"内注明"2012—2016年在'河南××大学'读企业管理专业，获本科毕业证、学位证、英语六级证"。但是，公司根据该简历在国家教育部指定的网上查询，却没有找到张某所称的"河南××大学"。张某提供的学历有问题！公司马上和张某联系，张某辩称其简历写错了，应该是另一所院校。根据查询，张某重新提供的毕业院校是存在的，但是当公司去该校查询张某的情况时，却发现该校并没有张某所称的企业管理专业，也没有张某所提供的毕业证书编号，核对该校毕业生，则是查无此人。由此，张某以假学历进行应聘已被证明是事实。尽管张某声称自己可以胜任现在的工作岗位，但是公司还是毫不犹豫地解除了和张某之间的劳动关系。违背诚信的张某最终没有实现自己的上海梦。

近年来，随着大学的扩招，大学生的数量在逐年增长，大学毕业生数量的快速增加，使得大学生面临严峻的就业形势。同时，社会和家长对他们往往给予比较高的期望，因此现在的大学生面临的压力是巨大的。尽管面临不小的压力，但诚信仍是做人之本。如果采用一些不正当、不诚实的手段去试图获取工作机会，比如虚构自己并不具备的高学历、高文凭去满足用人单位的一些要求，就违背了基本的诚信原则，不仅不能实现自己的就业愿望，发生纠纷时也难以受到法律的保护。

三、大学生就业存在的主要问题

（一）就业心理准备不足

1. 自我角色转换不够及时

对于80%的学生来说，大学阶段过的是一种单纯而有保障的生活，学习、生活、交际都较有规律，这样的生活与现实社会自然存在一定的距离。在大学生活结束之际，踏上岗位之前，大学生最需要做的就是能够迅速完成自我角色转换，做好就业心理准备，就是要摆正自己的位置，客观、冷静地进入求职状态，认识社会，了解社会，以自身的实力，积极主动地去适应社会需要。

2. 自我认识、自我了解不够准确

个性是个体统一的心理面貌，是指人的心理活动中那些稳定的、具有个人特色的心理特征与心理倾向组合成的有层次的动力整体结构。它是以个体稳定的行为模式与态度体系表现出来的。能力、特长应包括教育培训的程度，因为教育和培训可以转化为能力、特长。能力是求职择业以及事业成功的重要保证。能力包括的内容很多，主要有两个方面：一是思维能力；二是工作能力。求职择业时必须正确认识到自己性别、年龄、身体健康、胖瘦、高矮，甚至面貌的丑俊等生理方面的因素。对自己充分的了解，是每一个求职者进行职场定位的依据与前提，而大学生在面临巨大的就业压力时，往往很少能真正做到全面了解自己。

（二）职业能力不足

大学生在就业时表现出的职业能力不足主要反映在知识结构不健全，专业知识不系统、不扎实，综合技能水平不高（尤其是科研能力、创新能力和解决实际问题的能力低），缺乏一专多能的水平等方面。具体表现在：

（1）没有很好的自我认知，缺乏对自我客观、系统、科学的认识，常出现高估自己能力的现象。

（2）在选择就业单位的过程中，明显表现出被动和随意性，缺乏科学性和主动性。

（3）获得职业信息的能力和职业目标的筛选能力还不强，虚荣心和侥幸心理往往使他们改变原有的目标而采取不切实际的从众行为。随着社会就业竞争压力的日益加剧，就业的"门槛"越来越高，"知识不够用"和"能力不足"已经成为导致大学生工作不适应的主要因素。面对这种形势，大学生应充分认识知识结构在求职择业中的作用，根据现代社会的发展需要，发展自己，建立合理的知识结构，以增加自己在就业时的筹码。

（三）应聘前对公司了解不够

大多数大学生并不了解自己想要进入的公司的发展前景、用人制度、企业文化、人际关系等，有一部分学生对以后自己即将在一个什么样的平台上迈出职业生涯第一步只有模糊的概念，甚至根本没有目标。不了解企业的状况，是目前大学生的求职障碍，即便找到了工作，也会有一个不短的适应企业的过程。企业需要有价值的人，一些企业人事经理表示，现在企业评价大学生已经不完全看重学校和专业了，关注的焦点是个人的能力和素质，以及能否为企业做出成绩、带来价值。

（四）大学生就业后流失率过高

大学生的稳定性、忠诚度和职业化程度不高，这成了部分企业拒绝他们的理由。当竞争越来越激烈，当越来越多的大学生找不到合适的工作时，"先就业后择业"就成了社会和媒体广泛宣扬的理念，而随之形成的毕业生忠诚度问题也浮出了水面。麦当劳的代表说，他们接收的大学毕业生都必须经过基层锻炼，在实习期就要安排最难的活给他干，如先到前厅去端盘子、刷厕所等；但往往是实习三天后就有人因为吃不了苦而被淘汰，淘汰率高达50%。一些企业表示，每年真正招收的应届毕业生人数只占计划招工的1/5。企业接收大学生后一两年内流失率在30%以上的达到被调查企业总数的半数以上。对此，一些高校大学生表示，就业必须吃苦只是用人单位提出的苛刻条件，一些用人单位为了节约成本，岗位安排严重脱离毕业生所学，这也是导致大学生另谋职业的原因之一。

实训项目一：个人能力调查

一、实训概述

【目的及要求】

做职业规划首先要清楚自己的能力，这样才能够有的放矢，起到规划能够命中目标的作用。

二、实训内容

【项目内容】

探索活动：我能做什么？

在此项活动中，自己想想：我会做哪些事情？请用10个陈述句来描述自己的能力。只要是你会做的，都把它写出来，不一定要和工作有关。例如："我能和别人相处得很好"或"我能骑自行车"，再或者"我能操作电脑"等。

【训练步骤】

十件会做的事中，按能够做得最好到最差的顺序进行排列，表现最好排第一，表现最不好的排最后。

三、实训结果

完成职业规划中对能力的思考。

（1）我有哪些能力？
（2）我是如何运用自己的能力的？
（3）有哪些能力是我所欠缺而有待充实的？
（4）我是否还有一些能力尚未被发掘、启发？
（5）我能力的强弱与自己未来生涯的发展有什么样的关系？
（6）与我自己能力有关的职业有哪些？

实训项目二：能力测试

一、实训概述

【目的及要求】

客观地对自己的能力进行评量，选择适合自己的工作。

二、实训内容

【项目内容】

总结活动：自我能力的评量。

通过前面的活动，你也许已经发现你本身已具备了许多能力，可是很多时候却忽略了它的存在及价值。接着，我们将更仔细地思考自己各方面能力的发展情形，并评量所具备的程度水准，给予自己最正确的评量。

【训练步骤】

以5表示"非常好"的能力，大约胜过80%的人；以4表示"很好"的能力，大约胜过70%的人；以3表示"还可以"的能力，大约胜过50%的人；以2表示"不好"的能力，大约胜过30%的人；以1表示"很不好"的能力，大约胜过5%的人。请根据自己各项能力的实际表现情形，在该项能力的前方填上适当的数字。

（　　）……用语言或文字影响别人（说服能力）。
（　　）……领导或指挥别人（领导能力）。
（　　）……帮助别人解决问题（助人能力）。
（　　）……设计各种图案（美术能力）。
（　　）……唱歌、演奏或欣赏乐曲（音乐能力）。
（　　）……发明或制造新的事物（创造能力）。
（　　）……鼓动同学买自己或亲戚朋友家里所卖的物品（销售能力）。
（　　）……和同学（同事）的相处情形（社交能力）。
（　　）……操作或修理机器（机械能力）。
（　　）……看房子的蓝图，脑中就浮现出这栋房子盖好之后的形状（空间能力）。
（　　）……和他人沟通思想，交换意见（沟通能力）。
（　　）……缝制或编织衣物（手巧能力）。
（　　）……快速精确地处理数字（算数能力）。
（　　）……快速正确地阅读文章（阅读能力）。
（　　）……利用图书馆或书店的书解答疑问（研究能力）。
（　　）……在运动上的表现（运动能力）。
（　　）……把自己所具备的知识和技能传授给别人（教导能力）。
（　　）……将资料加以整理、分类、存档（文书能力）。
（　　）……用文字表达自己的方法（书写能力）。
（　　）……表演戏剧（表演能力）。
（　　）……适当地安排每天的生活（规划能力）。
（　　）……正确地区分事物间的差异（分辨能力）。
（　　）……处理突发事件（应变能力）。
（　　）……注意周围的事物（观察能力）。
（　　）……分析事件中的因果关系（逻辑思考能力）。
（　　）……策划辞旧迎新的活动（企划能力）。

三、实训结果

通过上述计分的结果，你可以看出自己哪些能力较强，哪些能力比较欠缺。能力的评估结果可以帮助你选择适合自己的职业。

下面简单列举几种能力对应的特点及适合的职业，以供参考：

1. **语言能力**：语言理解能力和口头表达能力，善于清楚而正确地表达自己的观点和向别人介绍信息。

适合职业：教师、律师、营业员、咨询人员等。

2. 算术能力：迅速而准确的运算能力。

适合职业：会计、统计、建筑师、工业药剂师等。

3. 空间判断能力：能够识别物体在空间的运动中的联系，解决几何问题。

适合职业：建筑师、制图人员、数学家、裁缝等。

4. 形态知觉能力：对物体或图像相关细节的知觉能力。

适合职业：生物学家、医生、测量员、画家、无线电修理员等。

5. 文秘能力：对言语或表格细节的知觉能力。

适合职业：文秘、编辑、打字员、财会等。

6. 眼手协调能力：眼手准确，迅速而协调地做出精确动作的运动反应能力。

适合职业：驾驶员、运动员、网络游戏玩家、舞蹈演员等。

7. 手指灵活能力：手指迅速、准确、和谐地操作小物体的能力。

适合职业：纺织工、打字员、裁缝、画家、音乐家等。

第三章

职业能力的塑造

心灵咖啡

某大公司招聘人才,经过三轮淘汰,还剩下11个应聘者,最终将留用6个。因此,第四轮总裁亲自面试。奇怪的是,面试考场出现12个考生。总裁问:"谁不是应聘的?"坐在最后一排的一个男子站起身来:"先生,我第一轮就被淘汰了,但我想参加一下面试。"在场的人都笑了,包括站在门口闲看的那个老头子。总裁饶有兴趣地问:"你第一关都过不了,来这儿有什么意义呢?"男子说:"我掌握了很多财富,因此,我本人就是财富。"大家又一次笑得很开心,觉得此人要么太狂妄,要么就是脑子有毛病。男子说:"我只有一个本科学历,一个中级职称,但我有11年工作经验,曾在18家公司任过职……"总裁打断他:"你的学历、职称都不算高,工作11年倒是很不错,但先后跳槽18家公司,太令人吃惊了,我不欣赏。"

男子站起身:"先生,我没有跳槽,而是那18家公司先后倒闭了。"在场的人第三次笑了,一个考生说:"你真是倒霉蛋!"男子也笑了:"相反,我认为这就是我的财富!我不倒霉,我只有31岁。"这时,站在门口的老头子走进来,给总裁倒茶。男子继续说:"我很了解那18家公司,我曾与大伙努力挽救它们,虽然不成功,但我从它们的错误与失败中学到许多东西;很多人只是追求成功的经验,而我更有经验避免错误与失败!"

男子离开座位,一边转身一边说:"我深知,成功的经验大抵相似,很难模仿;而失败的原因各有不同。与其用11年学习成功经验,不如用同样的时间研究错误与失败;别人的成功经历很难成为我们的财富,但别人的失败过程却是我们的财富!"男子就要出门了,忽然又回过头:"这11年经历的18家公司,培养、锻炼了我对人、对事、对未来的敏锐洞察力,举个小例子吧——真正的考官,不是您,而是这位倒茶的老人……"

全场11个考生哗然,惊愕地盯着倒茶的老头。那老头笑了:"很好!你第一个被录取了。"

每年的十一、十二月,都是高校应届毕业生最忙碌的时候,他们奔波于各种招聘会,准备简历,参加考试、面试……可结果却总是几家欢喜几家愁:有些毕业生顺利地找到了心仪的工作,而有些人则面试参加了很多,结果却都是"对不起,你不太适合这份工作"。造成这种差距的原因有很多,但自身是否具备职业核心能力是其中不容忽视的一项。

许多用人单位表示,大学里的专业技能固然重要,但是当代大学生如何与社会沟通、融入社会也是一个不得不思考的问题。许多学生缺乏融入社会、进入职场的基本能力和核心竞争力。因此,如果学生的创新、团队合作、职业沟通、管理与自我管理等职业核心能力过硬,无疑会在竞争中手握一把利剑。

大学生要全面提高身体素质、心理素质、政治素质、思想素质、道德素质、科技文化素质、审美素质、专业素质、社会交往和适应素质、学习和创新素质。只有构建合理的智能结构,学有所长,把握机遇,迎接挑战,才会在自己的职业生涯中永放光芒,拥有最为辉煌的明天。

第一节　综合职业能力的培养

一个人的能力总是在变化的，每个阶段都会和前一阶段有所不同，在职场中你是否能快速、正确地提升自己的能力，这对于自己的职业生涯至关重要，会影响你升职平台的提高，所以一个人要多学习如何快速有效地提升自己的能力，有意识地去提升自身的职场价值。

"三人行，必有我师"。善于学习也是在职场中必须长期坚持的一点，这样才能不断地提高自己的水平，从而为将来升职打好基础。在日常工作中要不断地提高自己的综合能力——解决问题的能力、人际交往能力、生存能力、时间管理能力、情绪控制能力等。只有自己的综合能力提高了，才能在职场中如鱼得水。

一、现代人才职业能力的多重内涵

职业能力是人们为了胜任一种具体职业而必须具备的能力，是胜任职业工作的主要条件。每种职业都需要一定的能力，如教师要有良好的语言表达能力、教学组织和管理能力、对教材的理解和使用能力；行政人员要有较强的沟通、协调能力，信息收集和分析能力；销售人员要有优秀的观察能力和语言表达能力；外科医生要有突出的眼手运动协调能力和逻辑推理能力。如果说职业兴趣或许能决定一个人的择业方向，以及在该方面所乐于付出努力的程度，那么职业能力的高低则能决定一个人在既定的职业方面是否能够胜任，也能说明一个人在该职业中取得成功的可能性大小。

首先，与具体工作相关的职业能力。这种职业能力与其所在公司的业务领域直接相关。不同的公司所面对的行业和从事的领域不同，决定了不同的业务主线，从而对具体职业能力的要求也不同。如科研型职业人员应具备创造性、熟练的基本技能，以及理论理解与应用的能力，并能把这三者融会贯通，协调结合起来，同时，还应具备独立思考、勤于实践的优良品质，以及不怕挫折的良好心理素质。而事务型职业人员在能力方面则要求具有较高的社交能力、语言表达能力和干练的办事能力等。

其次，知识结构的再整合能力。这种能力主要是为了应对来自信息社会知识更新的各种挑战。信息社会，知识"过时"会经常发生，而知识的过时就意味着一代人的过时，尤其对于许多理工科专业的大学生来说更是如此。因此，知识结构的再整合是现代人才必然要面对的问题。而知识结构的再整合是因人而异的。因为在大学期间，老师教给的各学科知识属于散件，只有每个学生凭借自己的智慧和悟性予以整合，才能获得因人而异的独立思考能力和学习能力。而工作之后的知识结构再整合是对这一能力的进一步运用和提升，而且，此时的再整合是与具体的职业相联系的。因此，知识结构的再整合是现代人才必备的素质。

最后，建立在每个人各自不同的价值观、创造力基础上的市场运作能力。这一能力的培养需要经过一定时期的市场实践才能历练出来，在学校是无法学到的。像西门子、松下、惠普、微软等企业，面对瞬息万变的市场之所以能够成功，凭借的就是对市场的深刻理解力和对未来发展的独到的洞察力。但是，分析这些企业走过的路径，我们又会发现，他们成功的路径各不相同，因为不同的路径体现着每一位企业家不同的价值观,以及激情促发的创造力。因此,只有建立在各自不同的价值观、创造力基础上的市场运作能力,才是一种与众不同的职业能力。

二、职业岗位对职业能力的要求

　　能力是人们胜任某项任务的主观条件,是学习者对知识的内化、转化、迁移、组合、融合、拓展、运用、创新的水平和程度,是知识和素质的外在表现或体现。当前与职业有关的能力大致包括:面向信息时代学习兴趣的保持能力、口头和书面的表达交流能力、面向市场经济的技能性操作能力和科学方法的运用能力、面向人才市场的竞争性求职能力、岗位变迁的工作转换能力以及职业规划能力。

　　社会经济的快速发展、经济结构的调整以及信息时代的到来,使职业社会需求呈现既高度分化又高度综合的趋势,体现在人才需求上就是越来越多样化、市场化、专业化和个性化。大学毕业生要想成功地立足于这个时代,就必须掌握新的知识和技能,具备21世纪所需要的能力和素质。

　　从社会经济发展对人才的新要求来看,当今世界经济有三大显著特点:一是全球化趋势越来越明显。这就给各国的经济主体提供了极其广阔的市场和发展机会,同时也促进了人才市场的充分竞争。因此,综合技能型人才在这种形势下,一方面将面对更多更好的就业机会,另一方面也将面临其他相关人才的多重挑战。二是经济主体间的竞争越来越激烈。企业竞相推出各种新的经营策略、管理方法、运行机制,并加速新技术、新产品的开发。这些都导致了企业对人才要求的各种变化。所以,综合技能型人才在这种环境下也不能仅仅满足于拥有最基本的素质。三是产业及产业结构加速变化。随着世界科学技术的飞速发展,任何行业和职业都没有绝对的稳定性,任何知识也都只是暂时适用的,技能再好、能力再强也要面临变化的挑战,能顺利迎接这种挑战的只有高素质的人才。实践证明,现代经济社会的职业岗位所需要的是知识结构合理,能将自己所学到的各类知识科学地组合起来,熟悉某项操作与技能的、有创新精神的、适应能力强的实务型人才。

　　职业能力就像一座"冰山","冰山"在水面以上人们能看到的部分,就相当于一个人的专业特定技能,它是我们从事某一工作所需要的知识、行为、技能等,是一种显性素质;而潜在水底、一眼看不到的那部分就是职业核心能力,是所有从业人员都应具备的能力。虽然职业核心能力不是一眼能看得出来的,却是促进职业发展的最重要的能力。

　　一个人如果具有了一种特定的职业技能,就可以在一个特定的职业和岗位上从事一定的工作;如果还具有行业通用能力,则可以在这个行业里自由流动,在本行业内找到一定的工作职位。假如一个人仅仅具有职业特定能力和行业通用能力,缺乏职业核心能力,那么,他的职业选择面就会很狭窄,很难适应跨岗位、跨行业选择工作。所以,尽管核心能力是隐性的,然而它最宽厚,承载着整个能力体系,是所有能力结构的基础,水下基础层次越宽厚,水面上显露的层次就越强大。职业素质训练专家陈宇教授指出:"过去很长一段时间,社会上先是学历文凭热,后是资格证书热。但现在人们发现,文凭和证书固然重要,在职场上获得最大成功的人,竟然不是那些文凭和证书最高最多的人,还有比它们更重要的东西,那就是人的核心能力。"由此，掌握职业核心能力，成为今天人们竞争制胜的"关键能力"，成为打开成功之门的钥匙。对于每一个从业人员来说，核心能力对职业活动的意义，就像生命需要水一样普通、一样重要。掌握好职业核心能力，能够帮助从业者在任何工作中调整自我、处理难题，并很好地与他人相处。同时，它是一个可持续发展的能力，可帮助从业者在变化了的环境中，重新获得新的职业技能和知识，更好地发展自己，适应更高层次职业和岗位的要求。

根据调查，目前企事业用人单位在招聘和用人标准上越来越强调综合素质，也就是越来越重视员工的职业核心能力。过去企业用人首先是讲学历文凭，只要专业对口就行；后来用人的门槛越来越高，还要有职业资格证书，强调要有实际操作能力和动手能力；到现在这些学历文凭和资格证书的"硬指标"又都嫌不够了，企业还要求员工具备一些所谓"软素质"的东西。许多企业在招聘时并不是很注重专业背景，而是更加强调与人沟通、协调、合作的能力，遇到困难能调动自己的潜能来解决问题的能力，以及不断学习、自我成长的能力。现代企业用人标准的变化表明，个人综合素质、工作态度比学历和资历更加重要，学历或资历不能代表将来，企业想要的是能支持员工持续发展的能力，而这种能力就是职业核心能力。

案例链接

十几年前周建民来到深圳闯荡，成为成千上万来深建设者之一。经过多年来的摸爬滚打和勤学苦练，周建民已经从一个学徒工成了一名高级技师，是公司为数不多的技术研发骨干人员，拥有了一份稳定的工作和一份不错的收入，而且还建立了美满的家庭。

一年前，周建民所在的事业部技术总监离任，他觉得这个总监的位置非己莫属，但是，出乎意料的是，老总提拔的是另一个能力比他稍逊的同事。失落沮丧的周建民请假在家待了两天，最后决定辞职。

当周建民把辞职书递给老总的时候，老总笑了笑，心平气和地说："如果你是因为对公司的任命不满而辞职，那我只能表示遗憾，虽然你是个很有能力的人。"本以为自己的辞职会让老总大吃一惊或者惊慌失措，而老总坦然的态度倒让周建民不解了。面对他疑惑的表情，老总诚恳地说："我知道，你是个有能力的人，到哪个公司都会成为技术骨干，但是，如果你不改一下你的性格，你只能是个有能力的人，而不是一个有能耐的人。这也是很多有能力的人只能当技术骨干而不能当领导的原因。"

老总接着解释道："什么叫能耐？就是有能力而又能忍耐的人，才叫有能耐！你能忍耐吗？你们部门多次技术攻关会，我都参加了。在会上，你发言很积极，思路很敏捷，提出了很多好的建议，这是对的。但是，你不容别人提出相反的意见，别人的意见与你的不一样，你就一脸嘲讽，说话也很尖刻。另外，你不善于和其他同事合作，总喜欢搞个人主义、当英雄，弄得同事关系很紧张。一个有能耐的人，应该既能独立战斗，又能与大家亲密协作，共同攻关。我很欣赏你的能力，希望你能认真考虑一下，看看能不能继续留下来和大家一起工作……"

听了老总的话，周建民的脸一阵发烫，收回了辞职书，老总欣慰地笑了，站起身，亲切地拍了拍他的肩膀："要相信，一个有能耐的人迟早会得到重用的。"

之后，周建民决定改变自己。他说话不再尖刻，多了一些柔和与委婉；脾气不再急躁，多了一些包容和忍耐；面对不同的意见，他也能够尊重他人，换位思考；而对于同事的成绩和进步，他也少了一些忌妒，多了一些欣赏和赞美；很多的时候，他还耐心地帮助同事，与大家一起完成任务。两年多之后，周建民被任命为公司另一个事业部的技术总监。

在这个案例中，老总眼里的"能力"指的是一个人的特殊技能又叫专业技能，比如电工的带电作业技能，营业员的点钞技能等。老总眼里的"能耐"指的是一个人的核心能力，也就是与人沟通以及团队合作能力。应该说，老总对于周建民的专业技术能力是肯定的，但是，由于他不善于沟通，不能倾听别人的意见，缺乏包容和忍耐，又不善于团队合作，所以，老总认为，周建民担任一个具体的技术操作职位还可以胜任，可是要让他担任技术总监这个管理职位是不合适的。后来，周建民通过自我反省，改正了自己存在的问题，提高了自己在职业沟通、团队合作等方面的职业核心能力，最终如愿以偿，得到了重用和晋升。

三、职业核心能力的基本认识

20世纪末出现的一场波及全球的新技术革命，一方面有力地冲击着传统的产业结构并构建着新的行业，另一方面极大地激发了人们新的需求及消费方式。在这两个条件的推动下，世界范围内引发了市场需求结构的巨大变化，推动了各国产业结构的调整和改组，改变了各国社会经济发展的格局和速度。这种巨大的变革必然会从根本上影响社会职业结构和就业方式的变化。一是大批新职业以超出人们想象的形式和速度出现在社会生产和生活之中。这些新职业工作岗位的技术更新快、技术复合性强、智能化程度高，工作的完成更多的是需要劳动者善于学习、会解决实际问题，并具有改革创新精神。二是现代职业的工作方式发生了根本变化。社会生产、服务和管理更注重以人为本的理念，在这些工作岗位上没有哪一个人是可以独立于群体之外的，工作的完成更多的是依靠每一个人的团队工作精神和大局观念。此外，人们发现不再有终身职业，工作流动加快，人们在职业生涯中要不断改变职业，不管你现在掌握了什么技术，都不能保证你能成功地应对明天的工作，社会最需要的是一种能不断适应新工作岗位的能力。显然，在激烈的市场竞争条件下，无论是传统行业、服务行业，还是高科技行业，核心能力与其他知识和技能一样都是企业赖以取得成功的基本要素。

（一）核心能力的内涵

职业核心能力不是一门技术，而是应用某种技术方法去做事的能力，它渗透着职业精神、工作态度和价值观的综合素质，是劳动者从业能力和终身发展的关键，是行业通用技能和职业特定技能的基础。

1998年，我国劳动和社会保障部的重点研究课题"国家技能振兴战略"将职业核心能力界定为八方面的基本能力：与人交流、数字应用、信息处理、与人合作、解决问题、自我学习、革新创新、外语应用等。

（1）与人交流（communication）：指在与人交往活动中，通过交谈讨论、当众讲演、阅读并获取信息,以及书面表达等方式,来表达观点,获取和分享信息资源,它是日常生活以及从事各种职业必备的社会和方法能力。与人交流能力以汉语为媒体,在听、说、读、写技能的基础上,通过对语言文字的运用,以促进与人合作和完成工作任务为目的。

(2) 数字应用（application of number）：指根据实际工作任务的需要,通过对数字的采集与解读、计算及分析,并在计算结果的基础上发现问题并做出一定评价与结论的能力,是日常生活以及从事各种职业必备的方法能力。数字应用能力以数字信息为媒介,通过对数字的把握和数字运算,来说明和解决实际工作中的问题。

(3) 信息处理（information）：指根据职业活动的需要,运用各种方式和技术,收集、开发和展示信息资源的能力,是日常生活以及从事各种职业必备的方法能力。信息处理能力以文字、数据和音像等多种媒体为基础,以文件处理、计算机、网络通信等技术为手段,以适应工作任务的需要和实际问题的解决为目的。

(4) 与人合作（working with others）：指根据工作活动的需要,协商合作目标,相互配合工作,并调整合作方式,不断改善合作关系的能力。它是从事各种职业必备的社会能力。与人合作能力是在个人与他人、个人与群体的条件下,通过与人交流的方式,并结合其他有关方式或手段,以促进工作任务的完成和实际问题的解决为目的。

(5) 解决问题（problem solving）：指能够准确地把握事物的本质,有效地利用资源,通过提出解决问题的意见,制定并实施解决问题的方案,并适时进行调整和改进,使问题得到解决的能力。它是从事各种职业活动都需要的一种社会能力。解决问题的能力所采用的技术和方法没有特别的限定,以最终解决实际问题为目的。

(6) 自我学习（improving own learning and performance）：指在工作活动中,能根据工作岗位和个人发展的需要,确定学习目标和计划,灵活运用各种有效的学习方法,并善于调整学习目标和计划,不断提高自我综合素质的能力。它是从事各种职业必备的一种方法能力。自我学习能力以终身学习为主要特点,以各种学习方法和良好的学习习惯为手段,以学会学习为最终目标。

(7) 革新创新（innovation）：指在工作活动中,为改变事物现状,以创新思维和技法为主要手段,通过提出改进或革新的方案,勇于实践并能调整和评估创新方案,以推动事物不断发展的能力。它是从事各种职业特别需要的一种社会和方法能力。创新能力需要有积极创新的精神和专门的创新技法,同时又不限定任何可采用的技术和方法,创新能力的运用范畴没有限定,以不断推动事物的发展为宗旨。

(8) 外语应用（application of foreign language）：指在实际工作和交往活动中以外国语言为工具与人交流的能力。

（二）核心能力的特点

核心能力起缘于社会经济技术结构和就业市场的变化所提出的新要求,是从所有职业活动中抽象出来的一种最基本的能力,是一种从事任何职业都需要的、能适应岗位不断变换和技术飞速发展的综合能力或基本能力。

第一,核心能力具有普遍的适应性,例如其中的学习能力不仅是从事各种职业必须具备的能力，而且是人们在日常生活及学习中广泛使用的能力，从某种意义来说，学习能力是人的社会本能和生命的原动力。因此，普适性是它最主要的特点，也可适用于所有行业的所有职业。

第二，核心能力是一种基于职业活动的表现，具有很强的依附性，离开具体的职业活动，核心能力就失去了应有的意义，例如与人合作的能力的体现总是要服从一个工作任务的目的。

第三，核心能力中包含着某种泛技术性的技能或技巧，例如在解决问题时，人们表面上看到的是使用某种电工或美容的技术方法，而看不到的就是一种独特的技能或技巧，我们很难把这种技巧归于某类专业技术或学科。

第四，核心能力往往是在一种潜移默化的过程或环境中养成的，它的表现会受到个人潜质或先天性格的影响，例如当众演讲的能力，它总是会受到人的心理、生理和社会环境等诸多方面的影响，而且个体之间会存在较大的差异。

第五，核心能力开发不是一门简单的课程或单一的技能训练，而是通过有意识地长期工作学习和社会实践，才能达到有效锻炼人的核心能力的目的。

（三）核心能力开发的现实意义

核心能力对于职业活动的意义就像生命需要水一样重要。我们每个人在受教育阶段，在从事社会劳动或在日常生活中所做的每一件事，都会感受到核心能力的存在。因为这些活动无一不需要进行语言交流，知识经济条件下的社会活动无一不需要依赖信息处理，我们生活和工作中所面对的一切更多的是数字，这个社会的人际关系越来越强，没有人可以独自应对工作和生活，每个人都需要服从大局，善于学习和正确对待工作。从用人单位对员工的招聘和使用的要求来看，它们除了要求员工具有一定的专门技能和知识外，越来越注重员工适应工作岗位变化、处理各种复杂问题，以及敢于创新的核心能力。核心能力在职业能力结构中的这种特殊的地位，决定了它在促进就业方面具有不可替代的作用。

对于劳动者来说，对核心能力的掌握，可帮助他们适应就业需要，在变化了的环境中重新获得新的职业技能和知识；可帮助劳动者在工作条件下调整自我、处理难题，并很好地与他人相处；可帮助劳动者通过工作实践和现场考评来掌握这个技能；同时，它是一种可持续发展的能力，通过终身教育和实践经验的积累，劳动者的核心能力可以达到一个很高的境界，可以更好地适应更高层次职业和岗位的要求。

对企业来说，核心能力标准体系的建立和推行，可帮助企业有效地评价员工是否具有岗位所需的能力（而不仅是知识），为员工招聘和晋升提供依据；可帮助职业教育和培训机构提高培训的针对性，取得更好的培训效果；可降低企业因产品调整或岗位变换带来的风险，提高企业适应市场变化的能力。

核心能力体系的开发及其在全社会的普遍推行，将会大大提高我国劳动者的就业适应能力和工作效率，大大提高我国企业在经济全球化条件下的市场竞争能力，并推动我国社会生产、经济和文化的发展。

第二节　现代人才应具备的基本职业能力——情绪管理

不断进步、日趋复杂的社会为现代人带来了日益凸显的情绪危机，来自生活、学习、工作、环境和精神孤独等方面的压力，使许多人背负了情绪失调的困扰，焦虑、浮躁、忧郁、恐惧、自卑等负面情绪，使人们心理失衡、失去动力，已成为健康的障碍，所以如何调整和控制情绪成为当今社会日益关注的话题。

情绪控制能力就是对自己情绪的掌控，做自己情绪的主人，即以最恰当的方式来表达情绪，如同亚里士多德所言："任何人都会生气，这没什么难的，但要能适时适所，以适当方式对适当的对象恰如其分地生气，可就难上加难。"有的人在职场生活中，遇到自己不高兴的事，缺乏情绪控制能力，如在工作中受挫，从此心灰意冷。能否具有情绪控制能力，是评价一个人能否在职场获得发展的重要标准。

一、情绪概述

（一）情绪的概念

情绪是我们与生俱来的心理反应，是一种复杂的心理过程。情绪在我们的生活中扮演着重要的角色，不同的情绪让我们的生活更加多彩多姿，如果没有情绪，生活将变得灰暗无色，一点生气都没有；无论是喜怒哀乐，还是更复杂的情绪，其实都扮演着重要的功能。由于它产生的原因很复杂，所以世界上研究情绪的专家们，至今未对情绪有一致的定义。《牛津英语词典》的解释是："心灵感觉或感情的激动或骚动，泛指任何激越或兴奋的心理状态。"美国哈佛大学心理学教授丹尼尔·戈尔曼认为："情绪意指情感及其独特的思想、心理和生理状态，以及一系列行动的倾向。"而从一般意义上讲，情绪是指人们在内心活动过程中所产生的心理体验，或者说，情绪是人们在心理活动中，对客观事物的态度体验。

综合各家学者的观点，情绪大致包括四个层面：

1. 生理反应

当我们有某种情绪时，自然会有一些生理反应产生。如心跳加快、呼吸急促、血管收缩或扩张、肌肉紧绷，还有内分泌的变化等。然而不同情绪产生的生理反应可能是类似的，例如紧张、生气时会心跳加快，兴奋时也同样会心跳加快，所以单靠生理反应还是无法判断到底引发了何种情绪。

2. 心理反应

心理反应即个体的主观心理感受，如愉快、平静、不安、紧张、厌恶、憎恨、忌妒等感受。

3. 认知反应

认知反应即个体对于引发情绪的事件或刺激情境所做的解释和判断。例如看到别人不时直视你的眼神，你可能觉得别人对你有意思，所以心生愉悦；你也可能觉得别人不怀好意，所以变得紧张不安。

4. 行为反应

个体因情绪而表现出来的外显行为，包括语言的与非语言的，例如皱眉、眉开眼笑、声调高低变化、哭泣、哈哈大笑、坐立不安，或兴奋地蹦蹦跳跳等。

过去几十年，大家普遍认为IQ可决定一个人的成就。然而，我们常看到一些高智商的人表现平庸，而智力普通的人却成就非凡。为什么会这样呢？原来，智力是指思考、推理、学习、适应环境以及解决问题的能力，有高智力的人能够学得很快、考上很好的学校或者提出极具创意的企划案，但这不能保证他能够了解自己的情绪、忍受挫折或者处理好人际关系。美国心理学家Daniel Goleman在1995年写了一本《情绪智商》，引起社会各界的广泛讨论，EQ遂成为社会大众瞩目的焦点。他认为人生的成就最多只有百分之二十归于IQ，另外百分之八十则受其他因素影响，"其他因素"包含自我了解的能力、沟通的能力与处理情绪的能力等。EQ的重要性可以表现在生活的各个层面，EQ的高低会影响一个人的生活状态，也会影响一个人与他的家人以及朋友、同事、客户之间的关系。一个不能处理好自己情绪的人，必定很容易受情绪左右，表现出冲动的行为，导致破坏人际关系，认为一切都是别人的错，或者陷入深深的自责中，形成恶性循环，当然活得不快乐。相反地，如果能敏锐地察觉自己及他人的情绪，坦诚面对自己的负面感受并理解对方的感受，不任意批评他人，并将生活中的困境视为合理的挑战，以坚定的信念去完成艰巨的任务，对人对事做出适当的反应，那么就容易与他人保持良好的关系，能够得到他人的帮助，这样一来，许多事情都能迎刃而解，成功似乎也在不远处招手。

（二）情绪的功能

我们可以将情绪的功能大致归纳如下：

1. 生存功能

由于生理反应与情绪密切相关，所以当遇到危险状况时，我们马上会有紧张害怕的感觉，同时心跳加快、呼吸急促、分泌肾上腺素……进而产生"奋力对抗"或"落荒而逃"的反应，以便保护自己，避开危险。所以情绪就好像我们心理的"保安系统"，一旦身边的事和人对我们的身心构成威胁，这个"保安系统"就会发挥作用，发出相应的警报信号，这样，我们就可以及时地采取适当的应对措施保护自己，让自己不致受"伤"。

2. 人际沟通的功能

人与人之间最重要的是情感的交流，情绪的表达可以增进人际的沟通。当有情绪时，我们才知道自己内心真正的感受，也才有机会向他人表达，以维护自己的权益，或者增进彼此的情谊。因此，情绪在人际沟通中，起着非常重要的信息传递和调节作用，像微笑、轻松、热情、喜悦、宽容和善意的情绪表达，会促进人际的沟通和理解；而冷漠、猜疑、排斥、偏执、忌妒、轻视的情绪反应，则会构成人际交往中的障碍。

3. 动机性的功能

情绪好像是"发电机"，它可以源源不断地产生能量，用以推动人的各种活动，使我们过一个积极进取和有贡献的人生。比如：有力、自信、勇敢等令人心情舒畅的感受，被称为动力性情绪，会引导并维持我们的行为达到特定的目标。然而在我们的生命中，不可避免地要产生令人不快的情绪，比如愤怒、忧郁、怨恨、焦虑、忌妒等，有人称之为耗损性情绪，这些情绪在一定程度上会耗磨我们的能量。但是，这些表面上带有负面的情绪，若它们不过量还是有着积极价值的，因为在感受痛苦的同时，我们也得到了探索和成长的机会。

（三）情绪的特性

情绪是与生俱来的，是人类所共有的，无论是后来衍生成哪一种情绪类型，都具有以下几种特征：

1. 情绪是由刺激引发的

情绪不会无缘无故地产生，必然由某种刺激引发。例如遇到喜欢的人、听到优美的音乐、享受了一餐美食、享受了和煦的阳光等，都可让我们心情愉悦；反之，隔壁邻居的打骂吵闹声、拥挤的公共汽车、水沟的恶臭等，都会让我们烦躁不安。除这些以外，一些其他的内在刺激也会引起情绪。例如身体状态、内分泌失调等，都会引起我们种种情绪。

2. 情绪是主观的经验

同样的刺激事件，对个人所引发的情绪并不一定相同。因为情绪本身是主观的经验，情绪的发生常常是个人认知判断的结果，因此，情绪的内在或外在反应将会因人而异，具有相当的个别性或主观性。情绪的个别差异表现为情绪的内涵、强度与表达方式的不同。总之，情绪并非全由外在刺激决定，个人因素才是主要决定力量，因此我们应学习尊重个人不同的情绪感受。

3. 情绪具有可变性

情绪并非固定不变，它随着我们身心的成长与发展而有所变化，而对情境的知觉能力、个人的经验与应变能力都会影响情绪，所以，一定的刺激引发了某种情绪。刺激与情绪反应之间并没有固定的关系模式，虽然有时我们也会因为不同的刺激而引发相同的情绪，但也会因当时的心情与认知判断的结果不同，而表现出不同的情绪。

二、情绪管理的重要性

美国哈佛大学心理学教授丹尼尔·戈尔曼认为："情绪意指情感及其独特的思想、心理和生理状态，以及一系列行动的倾向。"情绪不可能被完全消灭，但可以进行有效疏导、有效管理、适度控制。

《黄帝内经》中说，人有七情六欲，怒伤肝、悲伤心、思伤脾、忧伤肺、恐伤肾。不良情绪是一种心理疾患，它就像一把利刃，既会伤害自己，也会伤害别人，又可能使自己失去珍贵的亲情与友谊，失去真正的成功与快乐。"肺病"曾是19世纪的黑死病，"癌症"是20世纪的黑死病，如今，"不良情绪"则成为生活节奏日趋加快的21世纪的"黑死病"。一个成熟的职业人，应该有很强的情绪控制能力，要将情绪作为重要的精神资源管理起来，让其发挥重要的积极作用。积极情绪表现为：热情、活泼、愉悦、快乐、自信、振奋、体贴、宽容、进取、努力、挑战、灵活。

情绪如四季般自然地发生，一旦情绪产生波动，个人就会表现出愉快、气愤、悲伤、焦虑，或失望等各种不同的内在感受，假如负面情绪常出现而且持续不断，就会对个人产生负面的影响，如影响身心健康、人际关系或日常生活等。

（1）影响生理健康。《礼记》上说"心宽体胖"，意思就是心胸开阔，外貌就安详，因而人也发胖，而且越来越健康。如果有人跟我们说："您最近怎么面黄肌瘦？"亦即意味着我们最近常常情绪低落，茶不思、饭不想，导致脸色越来越差，甚至身体健康上出现状况。这就是心理学上所说的心身症，也就是因心理上生病，如过度焦虑、情绪不安，或不快乐，而致生理上也出现疾病。另外，研究指出，当一个人的负面或消极情绪产生时（如愤怒、紧张），人体内分泌亦受影响，从而形成生理上的疾病。由此可见，时常面带微笑，保持愉快心情，并以乐观态度面对人生，则有助于增进生理健康。

（2）影响人际关系。人际关系是否良好取决于一个人情绪表达是否恰当。倘若常在他人面前任由负面情绪"决堤"，乱发脾气，久而久之，别人会视我们为难以相处之人，甚至将我们列为拒绝往来户。反之，若常面带微笑，多赞美他人，以亲切态度与别人和谐相处，人际关系自然会逐渐改善，从此人生也变得较不寂寞、不孤独，而且处处有人相伴，共度人生岁月。

每个人都面临着两种生活方式的抉择，要么满怀抱怨，不开心地活着；要么轻松、快乐、勇敢地生活。既然不能改变环境，那么可以改变心态。其实，到底开不开心并不在于环境，而在于自己的抉择。若心态被环境决定，而不是由自己决定，那么我们在职场中就不会感到快乐。如果换种心态呢，也许一切都会改变。无论是工作还是生活，不如意之事十之八九，学会适时地管理自己的情绪，战胜不良情绪是宽恕他人，也是放过自己。同时，在不知不觉中可以提升自己的情绪控制素质，掌握一种非常卓越的情绪管理能力。

【案例一】

在学生时代，付强怎么也不会想到自己将来会遇到这样一个上司。他的上司是一位三十五六岁的单身女性，个性非常独立、好胜、有主见，但脾气非常火暴。"经常因为一点点小事她就大发雷霆。"付强无奈地说。在他看来，上司就像一串随时可以爆炸的鞭炮，一点小事都可能成为火星，引发她的怒火。他也搞不懂上司哪来这么大的火气。"上次，因为复印客户订单的事，我又无缘无故地挨了一顿骂。其实，我已经复印好了放在她的桌面，当时她在开会。而后来她因为自己没仔细找，没看到复印件，所以把我骂了一顿。后来她发现了事情的真相，但并没有向我道歉。看似一场误会，可我心里却很不舒服。"付强说起最近的一次委屈经历。

付强说，这样的经历还很多，公司给的业务任务很重，上司本人的压力很大，人很焦虑,于是就经常把情绪发泄到他们这些员工身上。"每天接到她的电话我都很紧张,不知道又触动了她的哪一根神经,我都快成神经质了。"付强苦笑着说。

评析:遇到脾气急躁或者是不公正的上司,反抗或顺从都不好,而是应该有技巧地让上司意识到自己的问题和错误。一般来说,老板或者上司容易发现自己的长处,不容易关注自己的不足。就这个案例来说,上司自己的情绪管理都没有做好,却要自己的下属逆来顺受,这是不合理的。而作为员工,应该找到和掌握一定的技巧令上司意识到自己的问题。

【案例二】

淑娟是一家大型国企分公司的老总秘书,收入不菲,待遇优厚。除了每月的工资,平日里奖金、置装费、物业费、餐费、过节费、车费补贴等林林总总加起来,淑娟平均每月税后能拿到一万五千元左右,从薪水的角度看,这份工作堪称理想,但她并不快乐。主要原因是她觉得自己受尽了屈辱。

淑娟是名牌大学毕业的,从小到大她觉得自己都是凭个人奋斗得到一切的。出身工人家庭的她好学上进,从来都是学校的佼佼者,不需要向任何人低头。但当她高高兴兴进入现在的单位时,却要为领导端茶倒水。淑娟的老总是位五十多岁的女性,作为秘书,淑娟要帮领导挡电梯门、开车门、拎包等。出去应酬则要负责点菜,照顾到在场的每一位,还要帮领导挡酒。所有这些事还要做得不露声色,不能显得刻意和笨拙。对从不看他人眼色行事的淑娟来说,完全不熟悉这一套,所以总是显得缺乏眼力见儿,经常被领导批评。"这些事有的人一看就会,很简单,对你来说怎么就这么难呢?"领导常发这样的感慨。淑娟无奈,每次做得不妥时她只能扮可爱蒙混过关,领导只好嗔怪地说她"傻丫头"。

一次,淑娟和领导一起出差,住进宾馆,淑娟及时帮领导开门,本以为自己做得已经不错了,没想到领导坐在沙发上不高兴了,说:"我也是从你这会儿过来的,做秘书的应该给领导把拖鞋递到脚边。"淑娟听了,心里气愤极了,觉得特别屈辱,虽然勉强赔着笑脸做了,但当时就有个强烈的念头:辞职。但终归难舍优厚的待遇,况且父母也不同意,最后还是忍了下来,每月依然拿着高薪,却过着不快乐的生活。

在这种情况下,如果员工有条件辞职,就不会有怨气。而事实是她又不想也无力改变处境。对她来说,除非改变工作,否则问题总会存在。那么,在这种情况下,她就面临着两种生活方式的抉择——一种是满怀抱怨,不开心地活着;另一种是轻松、快乐地面对。既然不想改变环境,那么可以改变的是心态。"其实,到底开不开心并不在于环境,而在于自己的抉择。"心理咨询师于东辉说。淑娟正是因为心态被环境所左右,不是由自己决定,所以才会如此的不快乐。如果换种心态,也许一切都会豁然开朗。

三、情绪管理能力的培养

"情绪管理"即以最恰当的方式来表达情绪,如同亚里士多德所言:"任何人都会生气,这没什么难的,但要能适时适所,以适当方式对适当的对象恰如其分地生气,可就难上加难了。"据此,情绪管理指的是要适时适所、对适当对象恰如其分地表达情绪。

在职场上，那些善于控制自己情绪的人总能得到领导的信任、同事的支持，而那些喜怒无常、容易冲动的人，获得发展的机会就少得多。那么如何提升职场人士的情绪管理水平、展现良好情商呢？

1. 心胸宽广

职场人士需要修炼自己的格局，成就大格局。正所谓牢骚太多防肠断，所以我们要保持自己的心胸宽阔。风物长宜放眼量，做人千万不能太斤斤计较、小家子气，那样就落入了下乘。如何使自己的心胸宽阔呢？首先，要给自己树立远大的目标，目标远大眼光自然也长远，就不容易斤斤计较，因为做大事的人，不会花太多时间、精力在这些微不足道的事情上面；其次，可以看一些伟人英雄的事迹，会让你不由自主地跟着热血沸腾，认为大丈夫当如是也，格局和气概于是变大；最后，业余的时候可去一些开阔壮丽的地方走走，如看看高山、大海，可以使人神清气爽、心胸宽广。

2. 提升抗压能力

调节、改善情绪，提升抗压性很重要，那么就要给自己设立一些有挑战性的目标，做有挑战性的工作。一般来说，随着个人能力、职位的提升和工作内容、难度的增加，个人的抗压能力也会随之提升，但同时抗压能力的提升也需要一个过程，而人的潜力就在此过程中得到展现，不可一下子从弱到强。比如一个妈妈虽力气不大，但总是要抱宝宝的。宝宝十斤重的时候她抱着，等宝宝二十斤重的时候，她仍然抱着，直到宝宝再重一些的时候，她还能抱得动，这就是在几年的过程中，抗压能力慢慢在提升。而如果让她从第一天抱十斤的重量一下子到第二天就抱四十斤的，相信她肯定难以适应。

3. 同理心

同理心是职场思维里面很重要的一个思维。拥有同理心的话，你会发现很多时候对方不是故意为难你，所以同理心就是从对方的角度和立场去考虑问题。常常人与人合作沟通的时候，我们会认为：怎么能这样呢？怎么不考虑我的困难呢？于是情绪越来越激动。其实如果多从对方的角度和立场考虑问题，很多事都是可以理解的。所以如果我们能多用同理心去彼此理解，多方面沟通，很多合作就会更顺利、更和谐。

4. 适当宣泄情绪

一个人在如此现实的社会中工作和生活，时间长了肯定会积累一些负面情绪，那么就需要寻找途径宣泄，或者说发泄。疏解情绪的目的在于给自己一个理清想法的机会，让自己好过一点，也让自己更有能量去面对未来。从这几个角度去选择适合自己且能有效疏解情绪的方式，你就能够控制情绪，而不是让情绪来控制你！很多男生通过高强度的运动来宣泄情绪，跑出一身汗，或者大吼几声，情绪就被宣泄了。女生们通过逛街购物宣泄情绪，钱花出去了，心情也变好了。现在有些企业也关注员工的情绪管理问题，它们开辟一个房间，用一比一的比例做一个公司高管的橡胶塑像放在里面，员工心情不好的时候就进去打，结果一个月下来，"董事长"面目全非，"总经理"的头也不知去向，但是员工通过这样的发泄心情好了，总归还是值得的。

5. 缓和情绪

常常能看到一些大企业家在办公室里，不是泡工夫茶，就是写书法。而他通过这样的方式能使自己平心静气、缓和情绪，因为企业越大，位子越高，做的决策的影响面就越大，有的时候一个决定会导致企业"升上天"或者"坠入地",所以要理性,不可意气用事。一幅书法作品写下来,一轮工夫茶泡下来,心绪宁静,做的决策自然更加客观理性。当然,大部分的人可能没有条件在办公桌上写书法或者泡工夫茶,但是你可以吃一些甜品,因为医学证明吃甜的东西能使人安静;或者听听轻音乐;或者在情绪激动想脱口而出之前,强迫自己先默念1~10,然后再说话,那个时候,语气会平和许多,情绪也得到控制。

第三节 现代人才应具备的基本职业能力——团队协作

广阔无垠的旷野上,一群狼踏着积雪寻找猎物。它们最常用的一种行进方法是单列行进,一匹挨一匹。领头狼的体力消耗最大。作为开路先锋,它在松软的雪地上率先冲开一条小路,以便让后边的狼保存体力。领头狼累了的时候,便会让到一边,让紧跟在身后的那匹狼接替它的位置,这样它就可以跟着队尾,轻松一下,迎接新的挑战。

在一对头狼夫妇的带领下,狼群中每一匹狼都要为了"群体幸福"承担一份责任。比如,在母头狼产下一窝崽后,通常会有一位"叔叔"担当起"总保姆"的工作,这样母头狼就可以暂时摆脱当妈妈的责任,和公头狼去进行"蜜月狩猎",狼群中每个成员都在扮演着至关重要的角色。

成功的团体也是如此。每位成员不仅要承担自己的义务,还要准备随时承担起更大的领导责任。一个团体的生命力很可能就维系于此。

一、团队协作的内涵

团队就是一个大系统,由若干成员组成,所有成员在系统内部都有固定的位置,这些位置互相衔接、互相渗透,共同构成一个动态的有机整体。如果成员间不能团结协作,团队的力量就很难合成一股劲。因此,要让每位成员都能端正心态,学会包容、欣赏、尊重其他成员。互相欣赏、相互悦纳才能在思想上产生共鸣,在行动上取得一致。切忌互相指责、抱怨,这样不仅对解决问题没有任何益处,反而会破坏团结。

团队协作指的是团队的成员为了团队的利益和目标而相互协作、尽心尽力的意愿和作风。它的作用就是把成员的技能、积极性、创造性,向着一个方向进行整合,以此形成巨大的合力。团队协作精神主要表现在以下几个方面:

1. 具有共同的目标,成员对团队具有归属感

共同的目标是团队之所以存在的主要原因。当为了一个共同的目标奋斗时,大家就会有一种志同道合的感受,对彼此的优势予以认可,同时也能够包容对方的缺点,这也正是团队凝聚力的源泉所在。团队目标的一致性使成员有一种整体的归属感。正是这种归属感使得每个成员感到在为团队努力的同时也是在为自己实现目标,与此同时,其他成员也一起为这个目标而努力,从而激起更强的工作动机,所以对目标贡献的积极性也就油然而生,从而使得工作效率比个人单干时要高。

2. 良好的沟通协调，成员间相互信任

沟通是通过信息和思想上的交流达成认识上的一致，而协调则是消除内部摩擦取得行动上的一致。良好的沟通协调是团队精神的一个重要体现。

团队成员由于知识结构、价值观念、个人信仰甚至文化和语言上有差异，冲突是在所难免的。但是并非所有的冲突都是不利的，相反，有时它却是一种重要而积极的现象，新的创意、新的观念往往是在碰撞的火花中迸发出来的。矛盾由出现到解决的过程正是成员间相互了解、相互信任的过程，如果只是强调团结而不能够坚持个人观点，所取得的也只能是表面上的认同，矛盾反而被掩饰，这样大家会心存芥蒂，致使工作效率大打折扣。

3. 全员高度参与，具有较高的工作效率

团队中每一个人都是运作过程中必不可少的"零件"，在工作中相互依存。每个人的任务相对明确，工作趋于标准化，减少了内耗和不协调因素，能够产生较高的工作效率。日本著名汽车制造业丰田公司把"团队精神"贯彻到整个企业中，能够把分散在几百公里范围内的几十家零配件工厂紧密协调起来，实现所有配件的"零库存"，不仅提高了生产效率，还大大节约了成本，令世界为之惊叹。

4. 成员能够独立创造，发挥个人的潜能

传统的"金字塔"形管理模式是这样的：领导和权威掌握着决策和分配的权力，成员处于被动的地位，因而很难激发成员的积极性和创造性。而团队则不同，无论领导还是普通成员在团队中都是必不可少的部分，在自己的责任范围内，他可以依据自己个人的知识、经验，对不合理因素提出整改意见，为提高效率提出富有创造力的设想。

5. 通过团队合作可以约束规范和控制成员的行为

在团队内部，当一个人与其他人不同时，团队内部所形成的那种观念力量、氛围会对这个人施加一种有形和无形的压力，会使他在心理上产生一种压抑和紧迫感。在这种压力下，成员在不知不觉中随同大众，在意识判断和行为上表现出与团队中大多数人的一致性，从而达到去规范和控制个体行为的目的。规范和控制个体的行为有助于团体行动的标准化，有利于提高团队的办事效率。

二、团队协作能力的重要性

要想激发团队的合作精神，前提条件是要先组织一个好的团队。好的团队绝不是随随便便地将成员组合到一起。为实现一个共同的目标，确定团队成员的特性，是激发团队合作精神的关键和起点。好的团队就是要挖掘出团队成员的潜能，激发每位成员的潜能。潜能是一种爆发力！是一种来自内部，也有来自外部的一切可以调用的资源。其中以精神潜能最为重要，即一个人的意志、态度、性格。意志力来源于欲望，欲望越大，意志力就越强，因而潜能就越大。通过相互的沟通，找到每个人的正确方向和树立真实的理想，来激发员工的激情和斗志。同时，我们必须要克服人性的弱点。每个人都有消极、安逸、犹豫、懒惰、各自为政、容易满足等人性的弱点，我们要坚决克制。

一个优秀的团队，其所有成员必须要相互信任，彼此之间要开诚布公，互相交心，做到心心相印,毫无保留;只有团队的每一个成员之间紧密合作,才能真正做到整个团体的紧密合作。真正的团队合作必须以别人"心甘情愿与你合作"作为基础,而你也应该表现出积极的合作动机,并对合作关系的任何变化抱着警觉的态度。团队合作是一种永无止境的过程,因为合作的成败取决于各成员的态度,所以,维系成员之间的合作关系也是每个人责无旁贷的工作。

团队不仅强调个人的工作成果,更强调团队的整体业绩。团队所依赖的不仅是集体讨论和决策,它强调通过成员的共同贡献,能够得到实实在在的集体成果,这个集体成果超过成员个人业绩的总和,即团队大于各部分之和。团队的核心是共同奉献。这种共同奉献需要有一个成员信服的目标。只有切实可行而又具有挑战意义的目标,才能激发团队的工作力和奉献精神,为工作注入无穷无尽的能量。所以团队合作是一种为达到既定目标所显现出来的自愿合作和协同努力的精神。它可以调动团队成员的所有资源和才智,并且会自动地去除所有不和谐和不公正现象,同时会给予那些诚心、大公无私的奉献者适当的回报。当团队合作是出于自觉自愿时,它必将会产生一股强大而且持久的力量。

团队合作有利于激发团队成员的学习动力,有助于提高团队的整体能力。每个人的心里都希望他人尊重自己的理想,都有不服输的心理,都有精益求精的愿望。这些心理因素都不知不觉地增强了成员的上进心,使成员都不自觉地要求自己进步,力争在团队中做到最好,来赢得其他员工的尊敬。当没有做到最好时,上述的那些心理因素可促进成员之间的竞争,力争向团队中最优秀的成员看齐,以此来实现激励功能。不断地激励有助于提高团队的整体能力。团队成员内部竞争,有一定的激发作用,这来源于团队成员之间的心理欲望,但是要控制好这种欲望,避免团队成员之间因其个人英雄主义而影响团队的整体战斗能力。

三、团队协作的原则

1. 平等友善

与同事相处的第一步便是平等。不管你是资深的老员工,还是新进的员工,都需要丢掉不平等的关系,无论是心存自大或心存自卑都是同事相处的大忌。同事之间相处具有相近性、长期性、固定性,彼此都有较全面深刻的了解。要特别注意的是,只有真诚相待才可以赢得同事的信任。信任是联结同事间友谊的纽带,真诚是同事间相处共事的基础。即使你各方面都很优秀,即使你认为以自己一个人的力量就能完成眼前的工作,也不要显得太张狂。要知道还有以后,以后你并不一定能完成一切,还是平等友善地对待对方吧。

2. 谦虚谨慎

法国哲学家罗西法古曾说过:"如果你要得到仇人,就表现得比你的仇人优越;如果你要得到朋友,就要让你的朋友表现得比你优越。"当我们让朋友觉得他们更优越时,他们就会有一种被肯定的感觉;但是当我们表现得比他们还优越时,他们就会产生一种自卑感,甚至对我们产生敌视情绪。因为谁都在自觉不自觉地强烈维护着自己的形象和尊严。所以,对自己的优势要轻描淡写地对待,要学会谦虚谨慎,只有这样,我们才会永远受到别人的欢迎。

3. 善于交流

同在一个公司、办公室里工作,你与同事之间会存在某些差异,知识、能力、经历造成你们在对待和处理工作时，会产生不同的想法。交流是协调的开始，把自己的想法说出来，听对方的想法，你要经常说这样一句话："你看这事该怎么办？我想听听你的看法。"

4. 接受批评

从批评中寻找积极成分。如果同事对你的错误大加抨击，即使带有强烈的感情色彩，也不要与之争论不休，而是从积极方面来理解他的抨击。这样，不但对你改正错误有帮助，也避免了语言敌对场面的出现。

5. 化解矛盾

一般而言，与同事有点小误会、小摩擦、小隔阂是很正常的事。但千万不要把这种"小不快"演变成"大对立"，甚至演变为敌对关系。对别人的行动和成就表示真正的关心是一种表达尊重与欣赏的方式，也是化敌为友的纽带。

6. 创造能力

一加一大于二，但你应该让它大得更多。培养自己的创造能力，不要安于现状，试着发掘自己的潜力。一个有不凡表现的人，除了能保持与人合作以外，还需要所有人乐意与你合作。

总之，作为企业的一名成员应该有良好的思想感情、学识修养、道德品质、处世态度、举止风度，做到坦诚而不轻率，谨慎而不拘泥，活泼而不轻浮，豪爽而不粗俗，只有这样，才可以和其他同事融洽相处，提高自己团队作战的能力。只有把自己完全融入团队之中，才能凭借团队的力量，完成个人不能单独完成的任务。团队协作也是企业发展的核心，是它成功的基础。

 案例链接

【案例一】

A是一个企业的老总，手底下有几十个人。一个人直接管几十个人，他有点力不从心。A计划选一个人出来，他就管理这个人就行了。那么，怎么选呢？A想到了一个主意。于是，第二天，这几十个人的部门就出现了一个不大不小的问题。这是A刻意制造的问题：这是一个生产线，生产线上的一台机器意外停机了，而这个情况第二天才被发现。而这几十个人分三批，每批都有一个领班。于是，问题出来了：这个责任到底谁来承担？

A找了第一个人。在办公室里，第一个人心里想：怎么会找我呢？又不是我的人出的娄子。于是，当被A询问的时候，他绞尽脑汁，千般推万般卸。总之就是：这不是我的责任！

第二个人也差不多。不过稍微好点，他有点"死就死"的意思。

到了第三个人了，A再问的时候。这个领班说了一句话，让A眼前一亮。这句话就是："既然我所在的生产线出现了问题，那么我首先就得负起这个责任！另外，老总，我还是要强调一句，现在不是追究责任的时候，最好的方法是防微杜渐，先把这个问题解决。"于是，第三个人当上了这个部门的经理！

A在企业大会上说道："一个企业要想进步，首先就得有团队精神！很多人都在为团队

做事，但是真正做到的没有几个。我想要说的是，我们的企业也不一定能够做到每个人都团结一致，但是，我们要让企业生存，就得去寻找团队精神。那么，团队精神在哪里呢？在'承担'二字！只有敢于承担，你才能让别人服你。试想一下，一个不能让别人服气的人，一个没有勇气去承担责任的人，怎么能够带好一个团队呢？那么团队的精神还不是空谈吗？我不要我的员工有多高尚，因为那是不可能的；我也不要求我的团队一下子就一条心，因为这是要靠长期累积的。我只要我的团队具有这种敢于承担的精神，那么，我们的团队才不会在一个小问题上因为推卸责任而花费过多的时间。这样的团队精神，才是我需要的！勇于承担，并不是蠢，而是一种大智慧！"

【案例二】

牧师请教上帝："地狱和天堂有什么不同？"

上帝带着牧师来到一间房子里。一群人围着一锅肉汤，他们手里都拿着一把长长的汤勺，因为手柄太长，谁也无法把肉汤送到自己嘴里。每个人的脸上都充满绝望和悲苦。上帝说，这里就是地狱。

上帝又带着牧师来到另一间房子里。这里的摆设与刚才那间没有什么两样，唯一不同的是，这里的人们都把汤舀给坐在对面的人喝。他们都吃得很香、很满足。上帝说，这里就是天堂。

同样的待遇和条件，为什么地狱里的人痛苦，而天堂里的人快乐？原因很简单：地狱里的人只想着喂自己，而天堂里的人却想着喂别人。在一个团队里，如果成员没有团队意识，各行其是，那么，团队的目标将永远无法实现。只有大家密切配合、团结协作，才能使企业焕发出生机和活力。

【案例三】

三只老鼠同去一个很深的油缸偷油喝，可是够不到，它们想了一个办法，就是一只老鼠咬着另一只老鼠的尾巴，吊下缸底去喝油，大家轮流喝，有福同享。

第一只老鼠最先吊下去喝油，它想："油就这么多，大家轮流喝一点儿也不过瘾，今天算我运气好，干脆自己跳下去喝个饱。"夹在中间的老鼠想："下面的油没多少，万一让第一只老鼠喝光了，那我怎么办？我看还是把它放了，自己跳下去喝个痛快！"第三只老鼠也暗自嘀咕："油那么少，等它们两个吃饱喝足，哪里还有我的份儿？倒不如趁这个时候把它们放了，自己跳到缸底饱喝一顿。"

于是，第二只老鼠狠心地放开第一只老鼠的尾巴，第三只老鼠也迅速放开第二只老鼠的尾巴，它们争先恐后地跳到缸里去了。最后，三只老鼠都淹死在油缸里。

团队成员之间只有真诚合作，才能顺利实现团队目标。每一位员工都应忠诚负责地对待自己的工作，不能因个人私利而置企业和他人利益于不顾。这样，才能形成凝聚力，增强战斗力，最大化地挖掘企业发展的潜力。

四、团队协作精神的培养

团队协作指的是团队和团队成员表现为协作和共为一体的特点。无论一支部队、一个企业、一个研发团队,还是一支足球队,成员的合作无间对团队的成功至关重要,没有哪个成功的团队不需要协作。那么,团队协作精神如何培养呢?

第一,要学习团队成员的积极品质。团队强调的是协同工作,所以团队的工作气氛很重要,它直接影响团队的工作效率。在一个团队中,没有完美的个人,每个成员都有自己的优点和缺点。作为团队的一员应该主动去寻找团队其他成员的优点和积极品质,学习它,并克服自己的缺点和消极品质,让它在团队合作中被弱化甚至被消灭。如果团队的每位成员,都主动去寻找其他成员的积极品质,那么团队的协作就会变得很顺畅,工作效率就会提高。

第二,要时常检查自己的缺点。团队工作需要成员在一起不断地讨论,如果一个人固执己见,无法听取他人的意见,或无法和他人达成一致,团队的工作就无法进行下去。团队的效率在于配合默契,如果达不成这种默契,团队合作就不可能成功。所以要经常检查自己的缺点,如果意识到了自己的缺点,不妨将它坦诚地讲出来,让大家共同帮助你改进,这是最有效的方法。虽然这做起来很难,但这更能为你赢得理解和帮助。

第三,要让大家喜欢你。要使自己的工作得到大家的支持和认可,而不是反对,必须让大家喜欢你。但一个人又如何让别人来喜欢自己呢?除了在工作中互相支援、互相鼓励外,还应该尽量和大家一起去参加各种活动,或者礼貌地关心一下大家的生活。要使大家觉得,你不仅是他们的好同事,还是他们的好朋友,有谁会不喜欢与自己的朋友合作呢?

第四,要保持足够的谦虚。任何人都不喜欢骄傲自大的人,这种人在团队合作中也不会被大家认可。可能你在某个方面比其他人强,但你更应该将自己的注意力放在他人的强项上,只有这样,才能看到自己的不足。因为团队中的任何一位成员,都有自己的专长,所以必须保持足够的谦虚。谦虚会让你看到自己的短处,这种压力会促使你在团队中不断进步。

第五,树立全局意识。团队的成绩是以集体的劳动成果计算的,这很像下围棋,不需要步步皆赢。在必要的时候暂时的失利和牺牲对扭转局势至关重要。因此,必须树立大局观念,不斤斤计较个人的利益和局部利益,要有全局观念,这样才能在关键时刻克敌制胜。

第六,诚信,不容置疑。诚信是做人的基本准则,也是作为一名团队成员所应具备的基本价值理念——它是高于一切的。没有合格的诚信精神,就不可能塑造出良好的个人形象,也就无法得到团队伙伴的信赖,也就失去了与人竞争的资本。唯有诚信,才是让你在竞争中得到多助的重要条件。团队精神应该建立在团队成员之间相互信任的基础上。而只有做到"言必信,行必果"时,你才能真正赢得同事的广泛信赖,同时也才能为自己事业的兴盛发达注入活力。

第七,超越自我的团队意识。强调团队合作,并不意味着否认个人智慧、个人价值,个人的聪明才智只有与团队的共同目标一致时,其价值才能得到最大化的体现。成功的团队提供给我们的是尝试积极开展合作的机会,而我们所要做的是,在其中找到生活中真正重要的东西——乐趣,即工作的乐趣和合作的乐趣。团队成员只有对团队拥有强烈的归属感,强烈地感觉到自己是其中的一员,才会真正快乐地投身于团队的工作之中,体会到工作对人生价值的重要性。

关于团队协作精神的名言名句

1. 30%的人永远不可能相信你。不要让你的同事为你干活,而要让我们的同事为我们的目标干活。共同努力,团结在一个共同的目标下面,就要比团结在你一个企业家下面容易得多。所以首先要说服大家认同共同的理想,而不是让大家来为你干活。

—— 马云

2. IBM需要的就是像野雁这样能独立作业,又能团队合作的人。

—— 许朱胜

3. 不管努力的目标是什么,不管他干什么,单枪匹马总是没有力量的。合群永远是一切拥有善良思想的人的最高需要。

—— 〔德〕歌德

4. 不用花心思打造明星团队,团队是可以和自己脚踏实地将事情做好的推进者。

—— 马云

5. 凡是经过考验的朋友,就应该把他们紧紧地团结在你的周围。

—— 〔英〕莎士比亚

6. 一个国家就像"一个家庭",团结最为珍贵。人们即使有不同的观点和看法,也应该在对话与和谐中寻求基本一致,这样国家才能前进。

—— 希拉克

7. 核心竞争力在哪里?在于一直能够坚持下来的团队,我觉得这是最主要的,这是我做卓越网的体会。

—— 陈年

8. 人们在一起可以做出单独一个人所不能做出的事业;智慧+双手+力量,几乎是万能的。

—— 〔美〕韦伯斯特

9. 如果我用个人的能力,可以赚一个亿,可能100%是我的;但我用十个人的时候,我们可能赚到十个亿,可能我只有10%,我同样拥有一个亿,但我们的事业变大了。

—— 张近东

第四节 现代人才应具备的基本职业能力——解决问题

随着社会产业结构的不断变化,职场岗位、工种变动日益频繁,知识技术老化的周期逐渐缩短,终身学习的重要性明显增强,终身学习成为人们生存与发展的前提条件。解决问题的实际能力与创新创造的实践能力已成为人们价值实现的重要保障。因此,注重解决问题等核心能力的培养与训练,已经成为现代职业教育和人力资源开发的必然发展趋势。

学会处理问题是一个人立世和成事的根本。善于处理问题是一个人综合素质的集中体现,学会处理问题可以改善你的社会环境、生存环境,甚至心理环境。在我们日常生活或工作中,某些环节出现一些问题是难免的,但关键是看你会不会处理。一切成功者都是处理问题的高手。

一、解决问题的概述

问题是指在目标确定的情况下却不明确达到目标的途径或手段;而问题解决是由一定的情景引起的,按照一定的目标,应用各种认知活动、技能等,经过一系列的思维操作,使问题得以解决的过程。在问题解决的过程中,为了达到特定的目标,人们会运用既有的知识、经验、技能,借助于各种思维活动和行动来处理问题,使问题得以解决。问题解决的过程非常复杂,它包括整个认识过程、情绪和意志过程,其中关键性的便是思维活动。问题解决能力就是一种面对问题的习惯和处理问题的能力。这种能力体现在:一个人在遇到问题时,能自主地、主动地谋求解决,能有规划、有方法、有步骤地处理问题,并能适宜地、合理地、有效地解决问题。

解决问题的能力的外延应包括发现问题、分析问题和问题解决之后的评估三个方面;内涵包括三个技能要素,即提出解决问题的意见或方案、实施解决问题的方案以及调整与改进解决问题的方案。问题解决过程中所运用的能力见表3-1。

表3-1 解决问题过程中所运用的能力

解决问题的过程	相对应的"四阶段"	各阶段运用的能力
发现问题	理解和表征问题阶段	①对境况的发展能保持正向、积极的心态; ②面对问题能够先做合理评估,并具有勇于承担的态度; ③借助批判和想象等思维活动,意识到问题情境中还可能有许多开拓空间;
确定问题		④能根据情境演变的脉络,确定"问题"的意义; ⑤能准确评估问题的初始状态和预测问题的最终状态; ⑥能洞察问题的各层次结构,并从结构中发现解决问题的关键; ⑦能适当和准确地评估可运用的资源和所受到的限制条件; ⑧能恰当地表述问题

续表

问题解决的过程	相对应的"四阶段"	各阶段运用的能力
形成策略	寻求答案阶段	①能借助推论和想象来开拓"问题"的发展空间； ②能同时拟定多种解题策略，合理地进行决策
执行实现	执行计划或尝试解答阶段	①能以行动来处理问题，具有动手实做的习惯； ②具有行动能力，能控制变量并做有条理的处理； ③能随机处理预料之外的情境变化，使工作持续地沿主轴推进； ④养成能在过程中随时做好对"要达成的目标""教学活动"和"评价"三者之间进行相互校正的习惯
整合成果	评价结果阶段	①对所获得的信息，能统合整理出成果，并做出合理的评价； ②能根据事件的前因后果，发现其中的意义并做解释； ③能观察到处理问题过程中的不足之处和可以改进的地方；
推广应用		④体会处理事件过程所产生的影响，做合理的调节； ⑤了解事件后续的发展，并做适当的处理； ⑥获得经验，并应用于解决其他问题上

二、解决问题能力的体现

优秀的员工是最擅长解决问题的员工。只有勇敢面对问题，才能发现我们潜藏的力量，唤醒我们麻痹的问题解决智慧。面对问题的最好办法就是：对问题负责，勇敢地面对问题，开动脑筋解决问题。职业人的主要职责就是解决各种各样的企业问题。只有具备了关键的问题解决能力，职业人才能更加专业。

1. 目标关注能力

一个能够解决问题的职业人，首先是能够迅速确定解决问题的目标并能够集中精力关注目标的人。有的人一天做很多事情，整天忙得焦头烂额，但效果却极差。为什么？目标分散，可称之为"目标分散症"。有的人则只关注工作本身，常常为了做某件事而做某件事，甚至仅仅是为了完成你交给的任务，忘记了这个任务的真正目的。因此，我们在做任何事情的时候，要首先想到做这件事的目标究竟是什么，想不明白就不要做。

2. 计划管理能力

职业人的工作效率首先来自出色的计划管理能力。计划就像梯子上的横档，既是你的立足之地，也是你前进的目标。计划阶段就是起步阶段，是成功的真正关键阶段。巴顿将军说过："要花大量的时间为进攻做准备。一个步兵营进行一次配合很好的进攻，至少需要花两个小时的准备时间，匆忙上阵只会造成无谓的伤亡。在战争中，没有什么不是通过计算实现的，任何缺乏细致、合理计划的行动都不会取得好的结果。"

3. 观察预见能力

良好的观察预见能力让我们能够在竞争日益激烈的社会大环境下，寻找到很好的生存发展机遇，同样，也可以预防一些未来可能发生的对我们事业有所阻碍的事情。可以说，成功源于拥有一双会观察、会发现的眼睛。

4. 系统思考能力

《第五项修炼》中提到的第五项修炼就是一个系统思考的问题。实际上，中国古代智慧，特别是《易经》中的核心思想也是一个系统思考问题，强调了面对任何问题的时候，都要善于从整体上进行考虑，而不是就事论事。只有这样，职业人才能形成大局观。

5. 深度沟通能力

美国著名企业家卡内基先生曾指出，一个人事业的成功因素，只有15%是由他的专业技术决定的，另外的85%则要靠人际关系。在这个人际关系复杂的社会，要想使自己成功就应该强化自己的沟通能力。企业管理过程中的大量问题也是沟通问题，甚至有的企业家称："企业中99%的问题都是缺乏沟通造成的。"可谓"管理即沟通"。具备强大的沟通能力是解决问题的前提。

6. 适应矛盾的能力

企业经营管理过程中有大量相互矛盾的事情，很难找到十分绝对的问题，很少存在唯一的最佳答案。如果总是用"非此即彼"的思维方式，问题往往难以解决，甚至可能把问题引向死胡同。因此，职业人要善于适应矛盾，避免绝对化地看问题，拥有开阔的思维，不固守成功经验，既能这样又能那样，追求解决问题方案的开放性，不钻牛角尖。

7. 全神贯注与遗忘的能力

"未来不迎，既过不恋，当时不杂。"曾国藩这句话的意思就是，对于那些已经过去的事情，不要过于留恋；现在做的事情要清晰、有条理；那些将来可能发生的事情，还没有到眼前，不要着急处理。这可以说是曾国藩一生的职业总结。职业人要善于选择最重要的事情，然后投入全部精力去解决，有些事情则需要快速遗忘。

8. 执行到位能力

就个人而言，执行到位能力就是将事情做到位的能力，这是一切职业人的基本能力。如果不能说到做到，做了但不能做到位，职业人也就缺少了立身之本，一切设想就会沦为空想，一切问题仍然会是问题，甚至成为更加严重的问题。

具备这8种能力，是成功解决问题的前提和基础。我们在平时的工作过程中，应该努力地去培养这些能力。当问题来临的时候，我们会泰然处之，灵活地去处理它们。处理问题、求得生存与发展是我们职业人的根本目的。培养能力也是为了解决问题，我们的一切行为都要指向解决问题。

烟草大王的冰糖橙

褚时健——曾经的中国烟草大王，他把玉溪烟厂由一个籍籍无名的小厂发展成为全球闻名的烟草品牌帝国。18年来为国家累计贡献利税1400亿元，仅仅"红塔山"一个品牌，在20世纪90年代为国家创利税800多亿元。还是他，1999年因经济问题被判无期徒刑，另一种人生从这里开始。2002年，保外就医后的褚时健在云南哀牢山承包了2 400亩①荒山，种起了橙子，这一年他已经75岁了。8年后，83岁的褚时健创出了自己的品牌——云冠牌冰糖橙，实现了从红塔山香烟到品牌农业的第二次飞跃。

让我们来看看褚时健的云冠牌冰糖橙是怎样得来的：一开始，褚时健种的橙子，产量低，2 000多亩地，一年下来只收了14吨。他当时问朋友："如果我种橙子赔了怎么办？"朋友说："我们相信你，你做什么成什么。"

首先要解决产量问题。解决产量问题，就是解决生存问题，目前我国绝大多数农业产业化企业仅仅才过了这一关。第二年，褚时健试着在夏天把橙树多余的叶子剪掉，以减少对果树营养的消耗，结果很顺利地就收获了三四百吨果子。量的问题解决了，他又把注意力放在了改善果子的口感上，相比之下，许多企业比起褚时健所下的功夫差多了。

褚时健和他的老伴见橙就买，那时候钱也紧张，有时买一个，有时买两个，买来以后在家里切开，包括他们自己种的，不说谁是谁的，让大家吃。吃完以后都要评价。"这一盘最好吃""那个是酸的""这个没味""那个皮太厚了""这个渣太多了""那个核太多了"……

吃着容易，种出来难。解决橙子的口感颇费工夫。当时褚时健的橙子是低酸品种，酸倒是不酸，就是味淡。请专家研究，也没有给出准确答案。褚时健自己试着找原因，他的橙子全是新树幼树。对幼树一贯的做法是大施氮肥，叫它长枝条、长树体。他想，是不是氮肥太多了？第二天，他把氮磷钾以及其他元素算出个标准来，按照0.8∶0.7∶0.6的比例配下来，经过了几番尝试，果子的糖分终于达到了让褚时健满意的程度。

旧的问题解决了，新的问题又出现了，大家反映橙子很容易烂掉。他老伴说，每一年都有事。今年是皮子太厚了，明年又是酸了，后年又是软掉了。土壤问题、肥料问题、浇水问题、虫害问题……一个问题一个问题地解决。经过了六七年的摸索，直到2009年，果子的产量和质量才真真正正好起来，褚时健本人也从一个对种植橙子毫无经验的人，变成了橙子专家。褚时健把他的橙子命名为"冰糖橙"，这是一个全新品种。

同是猕猴桃，新西兰出产的叫作"佳佩"奇异果的猕猴桃，按个儿卖，而国产的一斤猕猴桃的价钱都买不到人家一个奇异果。这之间的差距值得所有从事农产品生产的企业家们思考。鉴于奇异果的案例，褚时健又给自己的橙子提出一个更苛刻的标准，除了对每棵树的产量和口感有固定的要求外，还给每一个果实制定大小标准，不符合标准的坚决抛弃。75毫米这个标准最受市场欢迎，于是褚时健云冠牌冰糖橙都按这个标准生产。如今，云冠牌冰糖橙已被列为国家特级XL水果产品，而褚时健本人也被誉为"中国橙王"。2019年3月5日，91岁的褚时健去世，结束了他的传奇人生。

三、解决问题能力的培养

（一）如何提高解决问题的能力

我们每个人，在公司里存在的作用、存在的必要性就在于：我们在实际的工作中，解决了多

---

① 1亩≈666.67平方米。

少个问题点。个人能力的大小、个人作用的大小，就在于我们能够解决多少个问题点。能力的大小，实际上是我们解决问题的能力的强弱。解决自己的问题点，影响别人，领导别人，要求别人去解决各种问题点，则是一种提升，是一种更高层次的能力。解决问题，要经过确立目标、正常的工作思维、独立地思考问题、试探中纠正问题等几个阶段。当一个人具备了独立解决问题的能力后，就要在实际工作中发挥自己的力量，展现个人的价值，努力实现自我。

1. 主动承担责任

提高自己解决问题的能力的秘诀是尽量多地承担工作，并真正投入其中，坚持不懈，迫使自己的能力得以提高。

2. 做好一件事

知道如何做好一件事，比对很多事情都懂一点皮毛要强得多。一位总统在得克萨斯州一所学校演讲时，对学生们说："比其他事情更重要的是，你们需要知道怎样将一件事情做好；与其他有能力做这件事的人相比，如果你能做得更好，那么，你就永远不会失业。"

3. 客观地审视自己并加以完善

要想使自己的能力得到提高，就必须首先正视自己。比如说对自己做一番客观审视，观察一下哪方面还不错，哪方面值得注意。在需要改进的地方，无须他人指正就能够进行自我完善。有发展前途的人是那些了解自己并能够正视自己的人。具有这样意识的人才能在工作中步步提高。

4. 制定目标激励自己

一名解决问题能力很强的员工，总是密切关注企业的经营方向，着眼于未来确定目标，并且为了实现这个大目标而去设定若干个小目标，启发自己为了这个目标而努力。员工工作中有目标，自然会朝着这个方向努力。每一个人在潜意识里都会有自我实现的愿望，员工为自己树立一个工作目标是发挥潜能、提高工作能力的重要途径。

5. 建立合理的思维方式

每个人都有自己固有的思维方式，作为一名员工也不例外。这种思维方式在工作中的应用直接影响到解决问题的效果。员工建立一种合理的思维方式是提高解决问题能力所必需的。

6. 勤于思考

解决问题的能力比较强的员工都特别善于思考。思考是成长的唯一方法，思考是人类作为高级动物的特征。优秀的员工经常面对问题去思考，在思考中得到成长，在思考中找到工作的方法，在思考中领悟工作的快乐，解决问题的能力也在思考中得到进一步的提升。

案例链接

【案例一】

小杨在一所很普通的大学读计算机专业。大三那年，她在父亲的朋友的帮助下进入一个大城市的一家科研所实习。刚去的时候她干坐着，上司看她可怜，就交给她一个工作任务，说:"三个月内完成就行,到时给你一个实习鉴定。"接下来的三天里,她住在单位,完成了工作任务。第四天上午,当她告诉上司任务已经完成时,上司吓了一跳,对她刮目相看,又给她几个任务,并且规定要在短时间内完成,而她居然提前完成了。实习结束,上司没多说什么,但不久却直接到她的学校点名要她。科研所的上级部门很奇怪:"我这里有好几个品学兼优的研究生,你都不要,却非要一个普通的本科生,不是开玩笑吧!""不开玩笑,因为她给我的永远是结果。"那个领导说。

从以上案例可知,优秀的员工是最擅长解决问题的员工。只有勇敢面对问题,才能发现我们潜藏的力量,唤醒我们麻痹的智慧。面对问题的最好办法就是:对问题负责,勇敢地面对问题,开动脑筋解决问题。

【案例二】

王填,湖南连锁零售龙头企业——步步高品牌的创始人、董事长。据说,他曾在大学期间,就开始动脑子做起生意了。

当年王填高考毕业后,考进了湘潭市商业学校。当时,读商业学校的学生有许多是有钱人家的子弟。王填出身贫苦家庭,不过囊中羞涩的他倒不自卑,他反而想:花父母的钱不算本事,靠自己头脑挣来的钱才算真本事。

有一天,王填去学校附近的一家商店买课本,忽然听到旁边一个男学生和店老板争吵,那个男学生大声地说道:"你卖的热水瓶质量不好,还没有用上3个月,就不保温了,我要求换一个。"谁知那个店主一听这话,着急地解释道:"我们这里没有瓶胆,只卖热水瓶,你还是再买一个新热水瓶,我在价格上优惠一点好不好?"一听到这句话,聪明的王填动了下脑筋一想,如果专门卖热水瓶胆,肯定能挣钱。

他开始在学校饭堂前摆起了摊,结果被一抢而空,不到一个学期就赚了5 000元。接着,他开始在小范围内的攻城略地,等到湘潭市商业学校的市场基本饱和了,他又将眼光放到了湘潭市的其他大中专院校。两年来,几乎将湘潭市大中专院校的热水瓶胆生意垄断了,生意红红火火,赚了几万元。

毕业季,在学校分配见面会上,商业明星企业湘潭南北特食品公司总经理去了湘潭市商业学校,当着许多同学的面,点名要王填去公司上班,这让其他同学惊讶不已。

几年后,王填离开了这家公司,开始自己创业,创建了湘潭市步步高食品公司,凭借努力一步步壮大,如今已成为湖南连锁零售龙头企业。2018年,这位企业家先后被获评中国零售业年度人物、改革开放40年百名杰出民营企业家。

当问题出现时,不要害怕问题,解决问题是一个难得的成长机会。问题对于智者而言是一种福音,只有承认了弱点才能让自己更好地成长壮大。因此,不要害怕受到否定或害怕遭遇想象不到的困难。当你直面问题的时候会发现,人与问题的关系,就像猎手与猎物的关系,不是你消灭它就是它消灭你。所以从一开始就要尽可能将问题消灭在萌芽状态。

【案例三】

一个业务员在目标客户的董事长办公室门外请董事长秘书把自己的名片传递给该董事长，希望能面谈。但董事长不接受并退回了名片，如是再三，该董事长发怒了，他咆哮着撕掉了这张名片，并从口袋里面掏出10元钱，叫秘书对该业务员说，用10元钱买下了这张名片，要求他赶快离开。

而这个业务员在听到秘书的转述之后，接下了钱放入口袋，然后再掏出一张自己的名片递给秘书，并用董事长能听得到的音量说："对不起，我的名片五元一张，我没有零钱找，就再给你一张吧。"秘书还没有回答，董事长就在办公室里发话，请这个业务员进去面谈。

面谈的结果故事里没说，但我们可以看到，这个业务员用自己良好的心态和机智解决了问题，给自己创造了成功的机会。解决问题、克服困难不光靠机敏的口才，更重要的是，解决问题时要做到多角度思考。

（二）职场中解决工作困难的有效方法

无论是工作还是生活，都是一个不断碰到问题、不断解决问题的过程。在一个企业之中，上至老板，下至最基层的员工，不论他的工作简单还是复杂，问题总是避免不了的。而设法解决这些问题，才是工作的核心。工作的实质，就是凭借我们自身的能力、经验、智慧，凭借我们自身的干劲、韧劲、钻劲，去克服困难，解决那些妨碍我们实现目标的问题。松下幸之助说过："工作就是不断地发现问题、分析问题、解决问题的一个过程。晋升之门永远为那些随时解决问题的人敞开着。"

一个人对解决问题的能力的认识程度如何，也可以表明这个人是否是一个积极向上的人。这是因为，对于那些追求进步的人来说，要进步就要涉足很多自己未知的领域，就会遇到前所未有的新问题，通过不断地解决新问题来扩充自己的经验与知识，长此以往便会有所提高。与之对应的是，这样的人时刻都在进步，而且这种进步是与解决问题的数量、质量成正比的；而对那些安于现状的人来说，由于只想在自己熟悉的领域获得安全感，他们每天遇到的问题几乎都是一样的，都是凭自己现有的经验与知识能轻松解决的问题，因此他们解决问题的能力便会停滞不前，结果显而易见，由于在其他的领域没有任何突破，他们自身也不会得到发展。

在职场中我们会遇到各种各样想象不到的问题，正是这些困难的存在，才会促使我们不断提高自己的工作能力。如何有效地解决难题，可以从以下几方面入手：

（1）解决问题时逆向思维。
（2）考虑问题时换位思考。
（3）客观冷静地总结。
（4）学会调整目标。
（5）敢于承受变化。
（6）良好的心态。

 **自我测评**

在上班的路上,从远处你看到一群人在围观,好像有什么事发生了,但由于距离较远,你无法看清楚,你的直觉告诉自己,这件事会是什么?

A. 交通事故

B. 路人打斗

C. 小偷偷东西被抓了

D. 发生命案

E. 非法集会

F. 免费赠送试用品

答案分析

选择A:你行为上较为直观,属于循规蹈矩类型,遇到问题会根据自己的逻辑来处理,但大部分时候,需要别人帮忙,才能更好地解决问题,因此你必须在职场上处理好人际关系,在困难的时候,才有人及时给你帮助!

选择B:说明你在职场上经常遇到一些问题或者小人,直接影响你的情绪和工作效率,当问题过于严重时,你会采取偏激手法来解决,如同别人争执,或许直接辞职,这显然不是好办法,当你遇到问题时,应该想想问题的根源,想办法去解决,而不是一味做出不合理的举动。

选择C:选择这个答案的人,属于聪明反被聪明误的人,吃不了一点亏,事实上你很精明、很善于观察别人,当工作上遇到问题时,你很会把困难推给别人,时间长了,别人会觉得你特别有心计,因此真正发生大问题时,很少有人会站在你这边。

选择D:你属于职场上的老好人,遇到什么问题,都会想办法去解决,不想麻烦别人,但一个人的力量有限,当遇到过多的事情时,你无法解决,可以请求上司或者同事帮忙,不需要什么事情都往自己身上扛。

选择E:你善于交际,很会讨好人,因此有着良好的人际关系,当工作遇到问题时,会得到别人的帮助,但你过于懒,本身欠缺实力和竞争力,一旦与别人的利益发生冲突时,你往往成为别人的牺牲品,因此你必须提高自己的实力,才能在工作中取得更好的成绩。

选择F:你为人乐观、开朗,经常抱着侥幸心理,对问题的看法过于肤浅,遇到问题通常会采取得过且过的逃避方式;因此你应该学会正视问题的根源,采取有效方法来解决,逃避只是治标不治本。

第五节　现代人才应具备的基本职业能力——压力管理

现代人生活节奏快，拥挤的空间、竞争的加剧等使压力源也日益增多，这些来自方方面面的压力，让我们在拥有更多物质享受之余，失去了更多心灵的自由和身体的安康。因不堪压力重负而身心俱损的情况时常出现：易怒、多疑、经常出错、头痛、失眠、暴饮暴食或食欲不佳、便秘、腰酸背痛、手脚冰冷、口腔溃疡、干一点活就气喘……这在心理学上被称为人体"应激不良"时出现的"躯体化症状"。人体对压力具有一种与生俱来的"吸收—缓冲"机制，可将一般的生活压力转化成活力与激情。但过大的压力则会使机体丧失平衡，带来身体和心理的不良反应。因此，学会科学有效地进行压力管理，保持阳光心态，就显得越发重要。

一、压力概述

（一）压力的概念

现代社会给我们提供了丰富而便利的物质生活，满足了我们不断增长的各种需要，这些成就让我们感到惊叹和自豪。但是，压力随着社会现代化进程的高速发展，已经来到我们的身边，生活也变得越来越复杂，许多事情困扰着我们，无论你在什么行业，都会听见有人喊压力太大。更有甚者，我们经常会听到一些行业精英，由于压力过大而自杀的消息。这表明，我们面临着越来越大的心理压力，它对各个年龄段和从事各种职业的人的影响也越来越大。

"压力"源于物理学术语，在工程学和建筑学上指"负荷"。压力的研究最早可以追溯到古希腊时期。20世纪三四十年代，美国生理学家坎农最先将"压力"这一概念应用于社会领域。他认为，压力就是外部因素影响下的一种体内平衡紊乱。在危险未减弱的情况下，机体处于持续的唤醒状态，最终会损害健康。

1936年，加拿大生理学家汉斯·塞尔耶发表了《各种伤害作用引起的综合征》一书。在这本书里，他第一次使用"stress"这个术语，并系统提出了"压力"的概念，因此被公认为"压力之父"。他认为：压力是人或动物有机体对环境刺激的一种生物学反应现象，可由加在有机体上的许多不同需求引起，并且是"非特异性"的。"非特异性"是指，尽管环境刺激或需求可能多种多样，但机体的生物学反应却是相对不变的。20世纪五六十年代，美国心理学家拉扎鲁斯强调了认知因素在压力反应中的作用，给"压力"概念注入了新的内涵。他把压力看作是个体与环境间失衡而产生紧张的一种主观能动的过程。由于压力本身的复杂性，加之各个学科从不同的角度对其进行研究，至今，"压力"没有一个被普遍接受的定义。当今，人们对压力的理解至少有以下三方面：

第一，压力是那些使人感到紧张的事件或环境刺激。比如，地震、车祸、战争、拥挤、噪声等。

第二，压力是人体对外部刺激的一种生理和心理的反应。比如有人说"下午，我要参加面试,我觉得压力好大"。这里他就用压力来指代他的紧张状态,压力是他对面试事件的反应。这种反应包括两种成分,一是心理成分,包括个人的行为、思维以及情绪等主观体验,也就是所谓的"觉得紧张";另一个是生理成分,包括心跳加速、口干舌燥、胃部紧缩、手心出汗等身体反应。这些身心反应合起来称为压力状态。

第三,压力是个体与环境间不匹配而产生紧张的一个主观能动的过程。根据这种说法,压力不只是刺激或反应,而是一个过程,在这个过程里,个体是一个能通过行为、认知、情绪的策略来改变刺激物带来的冲击的主动行动者。面对同样的事件,之所以每个人感受到的压力程度有所不同,就是因为个人对事件的解释不同,应对方式也不同。

(二)压力的特点

压力作为由令人紧张的事件或环境刺激所唤起的生理、心理反应,它有以下三个特点:

1. 压力是一种主观反应

压力是主观思维对客观存在的一种反应,这个反应是基于客观事实的,可以准确、可以过度,也可以不足,这取决于我们的主观态度和观点。这是个很重要的属性,很多在一般压力面前太脆弱的人,就是对压力反应过度。基于压力的这种属性,人们实际上常常在用切断压力信息源的办法,不让主观进行反应或让他反应不足,高明地进行压力管理。

例如:当一个人受重伤甚至死亡后,往往不及时甚至完全不告诉他的重要亲人(老人、病人,或这个亲人处于脆弱时期,如高考前等)。这就是不让他的亲人知道事故,亲人就没有主观反应。亲人周围的人知道了,但对应该感到痛苦的亲人来说,他因不知情而没有感到压力。

做股票的高手,在巨大的心理压力下,往往也用这一招,非常管用。

压力是一种主观反应,这一条是我们学习压力管理、情绪控制中最重要、最核心的概念,理解并掌握了它,压力管理就好学多了。

2. 压力由压力源引起

压力源,即压力的来源,使我们感到紧张的事件和环境。它的属性是客观的,不以我们的主观意志的改变而改变。

例如,虽然不知情,但那位亲人受重伤或死亡这件事的确是发生了,这一客观事实的存在不会改变。

这一属性,要求人们在压力管理中需要冷静和实事求是的态度。

3. 压力的大小由个人的身心承受能力大小决定

压力的大小,即人们不适应的心理感觉强度,它是由压力源事件的客观性和自我感觉的主观性两种因素共同决定的。压力的这一属性,为我们进行压力管理提供了更大的空间。在这两个重要因素中,起主导作用的,还是人们的主观态度。可以说,压力的大小,它是百分之百取决于个人感受的,说它大,它就大;说它不大,它就不大。

用公式表达:压力的大小 = 压力源/承受力

同样一个事件，不同的承受力，感受到的压力大小是不一样的。学习压力和情绪管理，就是要提高承受力，从本质上来说，就是要提高我们的综合修养，改变我们对待压力事件的态度。

（三）心理压力的表现

对于个体来说，压力可以成为精神上的兴奋剂，它能够增强大脑的兴奋过程，提高大脑的生理机能，使人思维敏捷、反应迅速，积极地调动身心的潜能去改变环境、创新发明，迎接各种挑战，从而达到自我实现、促进发展进步的目的。但是如果一个人的心理压力过大，而自身的精神和肉体承受能力有限，那么这就可能会给身心健康造成较大的危害。不同的人面对压力会出现不同的表现，但总的来说，压力反应症状可以从三个方面表现出来：心理症状、生理症状、行为症状。

一般来说，压力较大会使人产生负面心理症状：焦虑、紧张、迷惑、急躁、疲劳感、生气、憎恶；情绪过敏和反应过敏；道德和情感准则削弱；感情压抑，兴趣和热情减少；交流的效果降低；退缩和忧郁；孤独感和疏远感；厌烦和对工作的不满情绪；精神疲劳和低智能工作，错觉和思维混乱增加；注意力分散，注意范围缩小；缺乏自发性和创造性，组织能力和长远规划能力退化；短期和长期记忆力减退；反应速度减慢，弥补的尝试可能导致莽撞的决策；性格发生变化，爱清洁、很仔细的人会变得邋遢、马虎，热心肠的人会变得冷漠，民主的人变得独裁；自信心不足，出现悲观失望和无助的心理。

在生理方面，会出现：心率加快、血压增高；肾上腺激素和去甲肾上腺激素分泌增加，从而导致恶心、肠胃失调，严重的话，可能导致一些疾病的发生，如溃疡、心脏疾病、糖尿病、高血压、呼吸问题、头痛、肌肉紧张等。另外可能导致皮肤功能失调：压力事件可能引起皮肤疾病或使其恶化，湿疹、神经性皮炎、荨麻疹、痤疮都可能与压力有关。有研究发现，倾向于患湿疹、痤疮的人在面临压力或情绪激动时有可能发病。

从行为方面来说，心理压力的影响也是显而易见的。很多心理学家努力去探讨人类的行为反应，发现人类行为的发生来自多种因素。譬如，弗洛伊德认为早期愉快的经验或痛苦的经验会影响他未来行为表现，如果早期承受了困苦环境折磨，长大后就能承受更大生活压力。斯金纳提出人类行为是受外在环境的制约而形成的。荣格提出人类有自卑的情绪，遭遇困难后都会努力去力争上游或超越极限。心理的压力过大，可能会引发许多不良的行为：拖延工作；工作表现和生产能力降低，错误率、事故增加；转嫁责任于他人；只解决短期和表面问题，不愿做深入和似乎与己无关的工作；吸烟、酗酒和吸毒行为增加；工作受到破坏，旷工次数增加；去医院次数增加；为了逃避压力，饮食过度，导致肥胖；由于胆怯，吃得少，可能伴随着抑郁；没胃口，体重迅速下降；语言问题增加，已经存在的结巴、含糊不清的语言现象加重，或出现在尚未有此症状的人身上；出现稀奇古怪的行为，无性格特征的行为产生；忽视新的信息；冒险行为增加，包括不顾后果的驾车和赌博；侵犯别人，破坏公共财物，偷窃；与家庭和朋友的关系恶化；自杀或企图自杀。

自我测评

对下列各题做出"是"或"否"的回答。

1. 因为发生了某些没有预料的事,你感到心烦。
2. 你感觉到你不能控制你生活中的重要事情。
3. 你常常感到紧张和压力。
4. 你常常不能成功地应付生活中有威胁性的争吵。
5. 你觉得不能成功地应付生活中所发生的重要变化。
6. 你对把握你的个人问题没有信心。
7. 你感到事情不是按你的意愿发展的。
8. 你发现你不能应付你必须去做的所有事情。
9. 你不能控制生活中的一切烦恼。
10. 你觉得你所有方面都是失败的。
11. 因为事情都是发生在你能控制的范围之外,你会因此而烦恼。
12. 你发现你自己常在考虑自己必须完成的那些事情。
13. 你不能控制消磨时间的方式。
14. 你感觉积累的大量困难不能克服。
15. 朋友同学的生日,免不了花钱,你往往不想在这类场合出现,以免花钱。
16. 刚买的鞋穿了一天就裂口了,你会气愤、痛苦地抱怨。
17. 你由于某件小事跟好朋友生气,大家互不相让,结果你会一个人生闷气,想忘掉这件事,可就是忘不掉。
18. 当父母因为学习责备你而使你感到压力很大时,你不会和他们争吵,一个人压抑情感。
19. 你的一个非常要好的朋友,因某些原因转学了,你很难过,不想面对现实。

评分规则:"是"为1分,"否"为0分。各题得分相加。统计总分。

0~6分:你能够应付生活中的许多事情,但有时也会有些烦恼,这是正常的。

7~14分:你有轻度的心理压力,虽然常会体验到不必要的烦恼,但你基本能处理生活中的问题。你应学会调节自己的心情,保持轻松愉快的心境。

14~20分:你已经在承受巨大的心理压力,你不能处理生活中的许多问题,这使你紧张、不安,进而影响到你的学习、生活、身心健康。你应尽快改变这种情况,否则你的学习和生活将不能正常进行。

二、压力管理

所谓压力，是指个体对某一没有足够能力应对的重要情景的情绪与生理反应。所谓压力管理，可分成两部分：第一是针对压力源造成的问题本身去处理；第二是处理压力所造成的反应，即情绪、行为及生理等方面的缓解。压力管理其实是主动而有效的应对方式。压力管理就是在压力产生前或产生后，个体主动采用合理的应对方式，以缓解或消除压力。

（一）压力诊断

压力管理包括压力诊断和压力缓解两个部分。压力管理与其说是一种缓解和消除压力的技巧，不如说是一个过程。压力缓解的前提必须要进行压力诊断。压力诊断包括三个方面：

（1）压力状况评估。主要包括：目前面临的压力都有什么？影响最大的压力是什么？目前的压力到底有多大？

（2）了解自己的压力反应。包括身体反应和情绪反应两个方面。身体反应，是指当压力出现的时候，你的身体会发出什么样的信号？与压力有关的身体反应主要有肌肉紧张和慢性疾病，如腰疼、颈部紧张等，慢性疾病主要有胃溃疡、心脑血管疾病等；与压力相关的情绪主要有焦虑、抑郁。

（3）了解自己惯用的应对方法。当压力出现的时候，每个人的反应方式可能是不同的。有人采用积极的应对方式，而有人则采用了逃避、攻击、退缩等不良的反应方式。这种应对方式是你在成长过程中自然形成的，有些应对方式是积极的，而有些应对方式则是对自己的健康和职业的发展是不利的。压力管理的一个重要方面就是要保持自己良好的压力应对习惯，改正不良的应对压力习惯。

（二）压力管理的原则

做好压力管理，把压力变成实实在在的动力，可以使每个人都能达到平衡与高效率的指标：动力十足、行为有效、感情丰富、精力充沛。人人都能管理好情绪，人人都能从容面对压力，需要做的只是改变一下看问题的角度，学会一些放松自己的方法。掌握了正确的方法，人们就能平稳度过压力和情绪纷扰的难关，让疲惫的心灵从此充满激情与活力。

1. 压力管理第一个原则是要对压力有觉察

肌体对压力往往有一种天生的吸收——缓冲机制，一般的生活压力会被身体转化成活力与激情。如果一个人生活在不停流动的、变化的压力丛中，他的肌体不仅可以是健康的，也是有饱满能量的。没有压力的生活让人消沉，昏昏欲睡，肌体懈怠，思维变慢。但压力过大可能使肌体调节失常，突如其来的过大压力会使人的压力调节机制瓦解，而持续不变的压力则可能造成压力的蓄积。觉察压力有三个层次：

（1）稍许压力便会引发纷乱的情绪。

（2）较大的压力带来躯体各种不适反应。

（3）过大的压力使人意识萎缩，对环境反应迟钝，心身处在崩溃的边缘。

2. 压力管理的第二个原则是平衡

躯体与精神两种压力有点像跷跷板，躯体压力大，精神压力也会慢慢增大，反之亦然。通过放松来释放躯体压力，精神的压力也在释放。当我们集中心智工作太久，或者长期处在竞争的事态里，我们可以通过肌体的放松来释放内在的压力。当我们懈怠太久，无所事事的时候，可以通过肌体的运动来保持活力。

3. 压力管理的第三个原则是处理压力的技术

如何管理好各类压力呢？有很多可操作的好方法，如写压力日志、生物反馈、肌肉放松训练、冥想与想象、倒数放松、自我催眠、一分钟放松技巧等。我们可以利用这些技术，对遇到的生活压力和工作压力进行主动的管理。

4. 压力管理的第四原则是保持积极心态

良好的心态增加人们应对压力的能力，不良的心态本身就像一团乱麻，干扰人的内心。当然，更主要的是要对压力有正确的观念，压力并不可怕，可怕的是我们对压力有不恰当的观念与反应。越怕压力的人越是每天生活在压力的恐惧中，喜欢压力的人在任何压力面前都会游刃有余。

案例链接

【案例一】

尹琳是一家民营公司的销售经理，7年来业绩一直不错，但近两年，她感觉外部竞争越来越激烈，本公司家族式管理体制越来越落后，于是她感到做得很辛苦，尽管工作量没有增加，但感觉工作压力越来越大，一种说不清道不明的职业恐惧长时间地困扰着她。原本驾轻就熟的工作现在却越来越使她感到疲惫不堪。她采用的减压办法是到处出差，但是效果并不好。

尹琳的职业压力主要来自内心的恐惧：她担心自己的老板和企业失去原有的竞争能力；担心企业失去奋斗了多年才占据的行业地位；担心自己失去理想的方向和动力。减压首先要真实地面对内心世界，你需要看一看到底担心失去什么：工作？职位？领导的重视？发展的机会？家人的信任？稳定感？你还需要看一看你可能失去的对你意味着什么：是暂时的还是长期的？是根本的还是局部的？是可以承受的还是无法承受的？

个人自救方案：

（1）看清楚职业压力源来自哪里。

（2）重新打量自己的职业规划，自己是否具有一定的风险防范措施。很多人追求发展机会的时候会忽视其存在的巨大风险，而某些风险正好是自己的"软肋"。

（3）和不安全感"相处"，降低职业损耗。职业压力将是现代人不得不面临的一个问题，面临职业压力的时候，你可以强迫自己看清楚最坏的局面，并勇敢地接受。安全感来自内在的实力，而实力是逐步积累的。

【案例二】

某大学大三学生王某，坐在教室里看书时，总担心会有人坐在身后干扰自己，有强烈的不安全感，以至于他只能坐在角落或者靠墙而坐，否则无法安心看书；他对同寝室一位同学听收音机的行为非常反感，有时简直难以忍受，尤其是睡午觉时总担心会有收音机的声音干扰自己，于是睡不着觉，所以他经常休息不好，但又不好意思跟其发生当面冲突。他很长时间都不能摆脱这种心理困境，很苦恼，严重影响了日常生活和学习。他即将毕业，心中一片茫然，担心找不到理想的工作，有时候也懒得去想这个问题，怕徒增烦恼。他学习一般，在班上成绩处于中游，当看到其他同学都在准备考研究生时，自己也想考，但是又不能集中精力学习。他自卑，缺乏自信，生活态度比较消极，认为所有的一切都糟透了。家在农村，经济状况一般，认为自己有责任挑起家庭的重担，但又觉得力不从心。

在该案例中，实际上该生的心理困境主要是由各种压力源造成的。

首先，该生即将面临大学毕业，择业困难构成其压力源的核心。择业压力所导致的心理紧张和心理困境，其实质是由其自身能力与理想目标之间的落差造成的，落差越大，心理压力也就越大。学习成绩一般，对自己缺乏信心，但家在农村，又觉得自己责任重大，必须找到一份好工作，因此心理压力是相当大的，而且与日俱增。

其次，择业压力使他在心理上产生不安全感。行为发生学认为，当人受到刺激时就会做出某种特定的反应。他面对压力，采取的是消极应对策略——回避。虽然不去想它，但是问题和压力仍然存在。

再次，择业压力使他的心理变得异常敏感和脆弱，这一点在他的日常学习和生活过程中直接体现出来。哪怕有一点动静，在教室看书或者在宿舍睡午觉就会受到干扰；严重时，即使没有任何干扰，他也会怀疑、担心和害怕受到干扰。

最后，择业压力和敏感的心态极易使他面临人际冲突问题，这是他采取回避和压抑等消极应对策略的必然结果。他在与同学相处时，尽管也意识到只是一些很小的事情，但就是不能控制自己。当某件事情或某个人多次引起自己的反感和不快时，就很自然地把自我消极情绪固着在该事或该人上，从而影响人际关系的和谐。实际上，这是他刻意回避主要现实压力而导致的压力感（压力能量）转移。

个人自救方案：

（1）如果面对困难，你感到孤立无援，那你应该寻求朋友和亲人的安慰。与朋友的一次很短的电话交谈远胜于服用镇静剂。

（2）消除压力产生的根源。

（3）学会倾听。任何时候都不能自认为已经完全领会了对方的意图。唯有仔细倾听才不会产生疑问，从而远离诸多不快与冲突。

（4）如果心情烦恼是因为时间不够造成的，不妨放下手头的事情，处理一下工作计划。哪怕是每天清晨早起15分钟也行。

（5）音乐是非常有效的心理疗法。多听音乐有助于培养开朗的性格。

（6）定期进行体育锻炼，增强体质。良好的身体素质是战胜心理压力的基础。

三、压力管理能力的培养

"人生不如意之事十之八九",生活在竞争激烈的现代社会,每个人都要面对来自工作、生活、学习和情感等多方面的压力。压力是人类在应对事情时感觉超出自己的能力范围,对结果不确定的精神状态。其实,压力有积极的一面,也有消极的一面,是把双刃剑。与快乐、幸福这些正面情感相比,压力、焦虑这些消极情感甚至占据了人类的大部分情感生活。当压力大到一定程度,成为难以"消化"的负面压力时,这种消极情感才给我们带来消极影响。在过度消极的状态下,人们体验到持续的身心疲惫、厌倦、沮丧、悲观失望、失去创造力和生命活力的感觉。这时,挑战变成了难以承受的负担。那么,该如何面对压力呢?

(一)要对压力有正确的认识

自然状态下,人们一般会面临两种属性的压力。一种是我们的身体所能感受到的、客观存在并且往往可通过一定的方式测量到的物理压力,例如大气的压力、心脏的压力等,这些压力往往和生命系统密切相关。另外一种就是和意志、精神相关的压力,例如生存竞争的压力、对某件事物的恐惧心理、人际关系不好带来的压力等,这些压力往往和行为相关。

人们通常对压力的理解并不全面,认为有压力是不好的事情,因此就有了"减压""消除压力"等说法。其实,适当的压力是必要的,压力过大、过小都不是正常的状态,要将压力维持在比较合理的状态。

(二)要能够清醒地觉察和认知压力

俗话说:"流水不腐,户枢不蠹。"虽然说运动能够保持活力,但也能说明要把压力保持在合理的状态和水平上,其前提就是要对自身的压力状况有明显的认识和觉察能力。当压力不足时,人特别容易懒散、懈怠,不能进步。当压力太大的时候,身体又会不适应,精神状态不佳,经常处于焦虑、对外界反应迟钝、判断力下降等状态,严重的时候还会出现职业倦怠、抑郁等倾向,对职业发展非常不利。因此,保持一种相对警觉的状态,时常对自己的状态自省、自察,出现压力时能够清醒地找到或者分析出压力源,并予以有效应对,这一点非常重要。

(三)要学会管理压力的一些方法

压力无所不在,我们必须认真对待心理压力问题,并及时地、适当地通过情绪调节来缓解心理压力,为它找个出口,它就不会给精神带来太重太大的伤害。

个体需要调适自己,正确面对发展过程出现的各种压力,找到一个平衡点,才能寻找更多的良性压力而尽量避免恶性压力的出现。

法则一:克服畏惧情绪,保持积极乐观、豁达的心态。

这一点是管理好压力的前提和基础,只有具有良好的职业心态和生活态度,才能有足够的好心情去处理工作和生活中各种纷扰人心的事情。"先理心情,再理事情"就是这个道理。开发出潜力的关键是克服人人都会有的畏惧情绪。忧虑最能够伤害我们的时候，不是在我们有所行动的时候，而是在我们工作后空闲下来的时候，当我们沉溺于空想时，消极想象的情绪就容易膨胀，把每一个负面事件的可怕性加以夸大。与其悔恨过去、担忧未来，不如做好眼前的事，过好当下的生活，不要因为过分关注远方模糊的目标而迷失了自己，手边有清晰明确的事情，我们又为什么不把握好呢？"一次只流过一粒沙子，一次只做好一件工作"，只有做好当下的每一件事情，我们才有可能创造质的飞跃。

法则二：面对现实，客观地评价自己。

现实生活是极其复杂的，每个人都有自己的理想和抱负，对自己有所要求，但是这种要求应该建立在力所能及的基础上。人们之所以感到工作、生活受到挫折，往往是因为自我目标难以实现。过高的期望只会使人误以为自己总是倒霉而终日忧郁。有些人是"完美主义者"，对任何事情都希望十全十美。而世界上的一切事情都不可能尽善尽美。所以，应该调整自己的生活目标，在积极向上努力进取的同时，拥有一颗坦然面对成功与失败的平常心，得意淡然，失意泰然，才能使自己心情舒畅。另外，每个人又都有各自的性情、品格和所长所短，别人不会都迎合你的意思，就像你自己也未必符合别人的要求一样。对别人的要求越高，自己的不满情绪会越大。如果对别人的要求较低的话，那么稍微符合你的愿望，你就容易得到满足。所以，既不要苛求自己，也不要苛求别人。

法则三：主动、健康的缓解压力的渠道和方法。

运动有助于抵制压力应激反应带来的负面影响，它是通过加速消灭压力激素的过程来实现的。当压力反应被激活后，这些激素就被释放出来，然后触发人生理上的变化。这时身体开始为自身的变化做准备，因此血压升高且脉搏加快，呼吸变得急促和沉重，肌肉变得紧张。但是压力事件一结束，身体就已经摆脱了这种压力激素的影响。所以在结束了漫长而紧张的一天之后，应该去做做运动，而不只是坐在电视机前。

法则四：要学会沟通，要会倾诉，更要学会倾听。

人际关系压力是职场压力的重要内容，保持良好的沟通能力，消除人际关系中的误会，压力定会减少很多。多与人交流沟通，及时倾诉自己感受到的无助和不快。交流是释放压力的有效途径，交流的过程也是自我反思的过程。乐于与人交往，和他人建立良好的关系，可以获取心理支持，增强自信心。人与人的交流不只是可以得到帮助和获得信息，还可使我们的苦、乐得到宣泄，从而促使自己不断进步。

法则五：要学会做好计划，管理好自己的日常生活和工作。

很多时候，我们工作中存在压力是因为没有做好时间管理，对各项工作事务没有做到"轻重缓急"的区分，顾此失彼，自乱阵脚，徒增烦恼和压力。

法则六：利用各种社会支持和帮助。

任何心理成熟的独立的现代人，都需要他人的帮助，广泛的社会支持是缓解压力不可或缺的途径。家人是社会支持网络的重要组成部分。此外，平时需注意扩大自己的交际范围，从没有利益冲突的第三方寻求心理支持。

压力管理小贴士："10 出压力法"

（1）说出压力：通过找一位知心好友或心理咨询师来排解内心的烦恼，调整心态。

(2) 写出压力：通过写作（如写日记、写散文、写诗歌等）来调整心态。

(3) 动出压力：通过某项体育运动（如跑步、打球、打太极等）来调整心态。

(4) 唱出压力：通过唱歌（如KTV等）来排解内心的烦恼，调整心态。

(5) 笑出压力：通过讲笑话、调侃、聊天等来排解内心的烦恼，调整心态。

(6) 泡出压力：通过泡澡，如在自家或洗浴中心等，来排解烦恼，调整心态。

(7) 养出压力：通过养小宠物、花草来排解烦恼，调整心态。

(8) 帮出压力：通过帮助他人（如从事某项公益活动）来排解内心烦恼，调整心态。

(9) 坐出压力：通过坐禅、内观、静思、冥想来排解烦恼，调整心态。

(10) 游出压力：通过旅游来排解烦恼，调整心态。

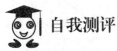

自我测评

测试一

在日常生活中，不管是上班族，还是学生或多或少都会有点压力。想知道你在生活中处理心理压力的能力吗？在下面的心理压力测试中找出最接近你实际生活的一种情况，如果没有经历过这类事情，可选择最接近你的想法的一种。快来测试看看吧。

1. 生日、婚礼……免不了花钱。

A. 你不想在这类场合出现，以免花钱买礼物。

B. 尽管不少花钱，可在各种场合，你还是乐意选择小巧而特别的礼物。

C. 只在对你很重要的场合送礼。

2. 你的自行车与别人的车相撞，你不得不与对方约个时间解决这个问题。

A. 这件事引起的焦虑和不安使你失眠。

B. 这并非重要的事情，只是生活中发生的许多事情中的一件，你会在问题解决后，做点自己喜欢的事情，以便尽快忘掉那不愉快的事。

C. 开始时你不去管它，等解决问题的那一天到来时再想办法应付它。

3. 你的家具或电器由于水管破裂被损坏了，这时，你发现自己的财产保险不能完全弥补损失。

A. 你很失望，痛苦地抱怨保险公司。

B. 开始自己修复家具。

C. 考虑撤销保险，并向有关事务机关投诉。

4. 你由于某件生活中的小事和邻居发生了争执，却没能解决任何问题。

A. 回到家，你拼命喝酒，想轻松一下，忘掉这件事。

B. 准备到对方单位告他。

C. 通过散步或看一场电影来平息怒气。

5. 日常生活中的压力使你和妻子（或丈夫）经常发生口角。
　A. 每当这个时候，你尽量放松自己，保持沉默，不去争执。
　B. 你和朋友谈论这事，使你的观点和感情得到理解。
　C. 寻求机会，心平气和地与自己的妻子（或丈夫）谈心，看如何摆脱由于日常生活压力而引起的争吵。
6. 一个你所爱的亲密朋友准备与别人结婚了，对你来说这是个巨大的不幸。
　A. 你逃避现实，使自己相信这不可能发生，因此没必要担心，于是仍然乐观地抱着希望。
　B. 决定不去担忧，因为还有时间去改变这个"事实"。
　C. 决定向你所爱的人提出你的观点，表明你的态度，严肃地向她（他）说出不该这样做的理由。
7. 每个人都承受着物价上涨所带来的心理上和生活上的压力，你更担心食品价格上涨。
　A. 尽管价格上涨，你仍拒绝改变饮食习惯，因此不得不花更多的钱。
　B. 每看到物价上涨，你都会怒气大增，但不管怎么样还要买，甚至拼命抢购，担心还会再涨。
　C. 设法少花钱，制订出一个营养而又实惠的食谱。
8. 终于有一天你的能力被人们认识，而你也被赋予一项重要工作。
　A. 你考虑放弃这次机会，因为工作量太大。
　B. 你开始怀疑自己能否承担这个重任。
　C. 分析这项工作对你的要求，并为从事这一工作做各方面的准备。
9. 你猜想你的房租或一些其他的月支付会增加。
　A. 每天急于收信，以便从朋友那里早点确认上涨的信息，只有没信时才有所放松。
　B. 决定不被这次涨价吓倒，并开始计划怎么样应付这种情况，如换房、采取节约措施等。
　C. 你觉得每个人都处在同样的状态中，因此逃避现实、被动等待，认为自己总会应付得了。
10. 你的一个非常亲近的人在一场事故中受了重伤，你从电话里得到了这个消息。
　A. 努力压抑自己的感情，因为你还要把这一消息告诉其他朋友和亲戚。
　B. 你挂断电话，哭起来，让悲痛尽情发泄出来，使心里好受一些。
　C. 去医务室向医生要一些镇静剂，帮助你度过以后几个小时。
11. 每个节假日，家里总为去探望双方的父母而发生激烈争吵。
　A. 你制订了一个严格的5年计划，要求在节假日轮流探望双方父母。
　B. 决定在重要的假期与自己最喜欢的家庭成员一起过，而在不太重要的假期邀请其他人。
　C. 决定做最"公平"的事，根本不与家里老人、亲戚一起度假，这样麻烦最少。
12. 有一天你突然感觉不舒服。
　A. 读一些有关医学的书，进行自我诊断、自我治疗。
　B. 鼓起勇气，告诉家里人，并去医院看病，希望得到医生帮助。
　C. 拖着不去看病，认为自己最终会好起来。

13. 你最小的孩子离开家走入社会，这意味着家里只剩下你和你丈夫（或妻子）。
   A. 与朋友谈论家中的这一变化，看他们怎么应付这一变化所带来的各种不适应的状况。
   B. 尽可能地帮助别人并为自己寻求新的兴趣爱好。
   C. 想告诉孩子们，希望他们多在家里待一段时间，以便能陪陪自己。

测试结果

问题1~3：A＝3分，B＝1分，C＝2分。
问题4~8：A＝3分，B＝2分，C＝1分。
问题9~13：A＝2分，B＝1分，C＝3分。

总分越低，说明你处理问题的能力越强。如果得分为21分或更少，那么你很会处理问题，心理压力不大，或许还可教其他人如何平静下来，减少心理压力；如果21分以上，说明心理压力过大。

测试二

测试你的抗压力

睡前，我们总是希望能塑造一个轻松舒适的环境，让自己能平静入睡。有的人喜欢一室漆黑，有的人则爱点一盏小灯。你会选择把什么样的灯放在床边，伴你进入梦乡？

A. 手抄纸的灯罩
B. 欧洲宫廷华丽雕像
C. 卡通造型
D. 英国乡村蕾丝风格

测试结果

选择A：你是个外柔内刚的人，平日总是不常表达自己的意见，因为你知道应该要让事情发展到某种程度你再发言，才不会被当作乱放炮。所以你的容忍度颇高，没有到不能忍耐的时候，你总是会让自己去适应环境。可是，你很可能日益习惯压力的逼迫，无形中延展你的耐力，也会逐渐麻痹，不知道真正的界限在哪儿。抗压力95%。

选择B：遇到压力时，你会找其他管道来舒缓紧绷的情绪，让自己不会那么沉重。然后等到心情平静下来，慢慢思考解决方法，顺利渡过逆境。所以人家多半会误以为你一直过得很平顺，无风无雨，却不知你已经见过不少阵势，是运用经验来闯过每一次关卡的。你的抗压力是86%。

选择C：你有点讨厌麻烦的事，所以遇到一些突如其来的意外，会显得格外不耐烦，也有一点担心不能处理得当。若是给你很有规律的工作，你通常都可以做得很好。可是一碰上别人对你临危受命，你就开始慌张起来。一定要有人陪在身边，你才会有安全感，有信心把事情完成，所以你的抗压力稍微弱了点，只有68%。

选择D：你很重视原则，多数时候都能够和别人合作，非常随和。可是你仍然有自己的底线，是所有人都无法逾越的。假使对方的要求超过你能接受的限度，又一点都没有讨论的余地，那你可受不了，以任何可以想到的方法来抵制。或许双方兜个圈子来谈事情，就不会弄得那么僵，你的抗压力是45%。

第六节 现代人才应具备的基本职业能力——有效沟通

曾经有一句流行语叫"理解万岁"，那如何才能做到理解对方呢？这就需要我们做好双方的沟通。沟通是人类最基本、最重要的活动方式和交往过程之一，沟通是人与人之间、人与群体之间思想与感情传递和反馈的过程，以求思想达成一致。沟通是为了一个设定的目标，把信息、思想和情感，在个人或群体间传递，并且达成共同协议的过程。有效的沟通能确保组织内各部门、每个人工作所需的各种信息能被大家知晓，并且增进相互间的了解合作。

一、沟通的内涵

（一）沟通的概念

沟通是指在一定的社会环境下，人们借助共同的符号系统，如语言、文字、图像、记号及手势等，以直接或间接的方式彼此交流和传递各自的观点、思想、知识、爱好、情感、愿望等各种各样信息的过程。根据不同的划分标准，可以把沟通分为不同的类型。

1. 根据沟通者之间有无组织关系可分为正式沟通和非正式沟通

正式沟通是指按照组织明文规定的结构系统和信息流动的路径、方向、媒体等进行的信息传递与交流。这种沟通的优点是正规、严肃，有权威性；参与沟通的人员普遍都具有较强的责任心和义务感，从而易保持所沟通信息的准确性和保密性。缺点是比较刻板，缺乏灵活性，信息传播范围受到限制，传播速度比较慢。

非正式沟通是指在一定社会系统内，通过正式组织以外的途径进行的信息传递和交流，这类沟通主要是通过个人之间的接触，途径繁多且无定型。如同事之间的传闻、熟人间的闲谈等，信息无法控制其流向，俗称"小道消息"。这种沟通往往是在不受组织的约束和干涉的时间、场合条件下所进行的非严肃性交流，具有自发性、灵活性、迅速性、随意性等特征。其优点是易于表达真实思想状况，所以容易获得在正式沟通情况下难以得到的有用信息，能增进情感交流，对于改变人的态度和行为具有重要的积极作用。但这类沟通由于随意性强，信息扭曲和失真的可能性较大。

2. 根据沟通所采用的媒介不同可分为语言沟通、非语言人际沟通、电子沟通

语言沟通是指以语词符号为载体的沟通，主要包括口头沟通、书面沟通等。

非语言人际沟通是指借助非正式语言符号，如肢体动作、面部表情等来进行的沟通。

电子沟通又称E-沟通，是以计算机技术与电子通信技术组合而产生的以信息交流技术为基础的沟通。它是随着电子信息技术的兴起而新发展起来的一种沟通形式，包括传真、闭

路电视、计算机网络、电子邮件等。

沟通的要素包括沟通的内容、沟通的方法、沟通的动作。就其影响力来说，沟通的内容占7%，影响最小；沟通的动作占55%，影响最大；沟通的方法占38%，居于两者之间。

（二）沟通的原则

美国著名财经杂志《产业周刊》评选的全球最佳CEO——乔尔玛·奥利拉（诺基亚公司）说，一个称职的CEO要具备的素质有两条：首先是沟通的能力，还有就是对人进行管理的能力。美国著名学府普林斯顿大学对一万份人事档案进行分析，发现："智慧""专业技术"和"经验"只占成功因素的25%，其余75%取决于良好的人际沟通；哈佛大学就业指导小组调查结果显示，在500名被解雇的男女中，因人际沟通不良而导致工作不称职者占82%。沟通是可理解的信息或思想在两个或两个以上人群中传递或交换的过程；是同周围环境进行信息交换的一个多元化过程；是信息传递、反馈、互动的过程。没有无沟通的信息，也没有无信息的沟通，沟通是信息的运动，信息又是沟通的材料。

一个完美、有效的沟通过程必须遵循以下几项原则：

1. 尊重是前提

尊重是一种涵养，尊重是不分对象的，无论对方的地位和身份如何，学会善待每一个人，尤其对弱者和身处逆境的人更要尊重。尊重是相互的，只有尊重他人，才能赢得他人的尊重，只有学会尊重，才会有真正意义上的沟通。

尊重有自我尊重和获得别人尊重两个方面。人们的思想和言行是有差异的，应当承认并尊重这种客观存在。被尊重是人的本质需要，美国心理学家威廉·詹姆斯说："人性中最强烈的欲望便是希望得到他人的敬慕。"人们渴望获得他人的认可和肯定，包括给予尊重、赞美、赏识和承认。有效的赞美和鼓励，出于真心、词语得体、务实新颖、不落俗套、时机合适、大方自然，可以使他人感到自信，有一种获得声望、力量和成就的感受。虚伪的奉承，其出发点、言行及效果则完全相反。在沟通时，要严格区分赞美与奉承这两个截然不同的概念，并把握好赞美的"度"，真正使他人感到愉悦，并感受到你的诚意。

2. 理解是途径

古人云："处人不可任己意，要悉人之情；处事不可任己见，要悉事之理。"因为人的想法和需要往往与他的身份角色、内外态势、个人素质、时空因素密切相关，换位思考有"身临其境"的感受。从不同的角度，会引出不同的理解，因此导致误解产生、人际关系恶化。所以，换位思考可以让我们从对方的角度上去思考问题，体谅对方，更加宽容、更加善解人意。人与人之间如果能做到互相宽容，互相理解，关系就会越来越紧密。每个人在谋求自己生存与发展的同时，也要帮助别人生存与发展。我们希望别人怎样对待自己，就应该以同样的方式对待别人。

理解是人际沟通的基本途径和润滑剂，通过反馈互动，有利于达成共识。理解是处理好事情的最好方法。只有理解才能加深双方的了解，事情做起来才会事半功倍。而理解的最好渠道是沟通。沟通到位了，没有办不好的事情。

3. 真诚从容是心态

"以诚感人者，人亦以诚而应。"崇尚真诚是时代的主旋律，真诚比财富珍贵，真诚是人的内心美，真诚可以获得信任，赢得友谊，用真心去沟通，是解决问题的灵丹妙药，往往会得到意想不到的效果。

从业中，会与不同层次、不同行业、不同性格的朋友交流。最重要的是有海纳百川的胸怀、有包容的心态，能平静地接受别人各种各样的想法和见解。不要一听到别人和自己的观念不同就与别人划清界限。人的本性决定了人们会更多地关爱自己，并希望别人也来关爱自己、接受自己。所以，在沟通中要忘记自己想要得到的，更多地去关注对方的需求，接受不同的观点和看法。多去想自己能带给别人什么，而不是能改变对方什么，自己给予别人的越多，就会收获越多。

4. 宽容是方法

宽容是一种胸怀、一种自信、一种修养，是一种人生境界。"水至清则无鱼，人至察则无徒。"世界是五彩缤纷的、人的个性是多样性的，要大度，要有相容性，宽容易于寻找原则性与灵活性的最佳结合点，求同存异，协调合作。宽容无价，宽容可以化干戈为玉帛，宽容是建立良好人际关系的法宝。

二、有效沟通的重要性

（一）沟通的三要素

沟通无处不在，而有效的沟通对提升和促进我们的工作水平、生活质量有着不可替代的作用。那么何谓沟通呢？沟者，构筑管道也；通者，顺畅也。沟通的目的是让对方达成行动或理解你所传达的信息和情感。想要达到有效沟通的目的，就必须学习和明确沟通的重要内容，即沟通的三大要素。

1. 沟通一定要有一个明确的目标

只有大家有了明确的目标才叫沟通。没有目标的谈话不是沟通，只是聊天。随便沟通沟通，本身就是一对矛盾。沟通就要有一个明确的目标，这是沟通最重要的前提。所以，我们理解了这个内容之后，在和别人沟通的时候，见面的第一句话应该说："这次我找你的目的是……"沟通时说的第一句话就要表明你所达到的目的，这是非常重要的，也是你的沟通技巧在行为上的一个表现方式。

2. 达成共同的协议

沟通结束以后一定要形成一个双方或者多方都共同承认的协议，只有形成了这个协议才叫完成了一次沟通。如果没有达成协议，那么这次交流就不能称为沟通。由于我们对沟通内容的理解不同，没有达成协议，所以最终造成了工作效率的低下，双方又增添了很多矛盾。所以，在一次沟通结束的时候，一定要有人来做总结，这是一个良好的沟通行为，也是沟通技巧的一个非常重要的体现。

3. 沟通信息、思想和情感

沟通的内容不仅仅是信息的传达，还包括更加重要的思想和情感。信息是非常容易沟通的，然而现实交流中很多障碍使思想和情感无法得到很好的沟通，所以，就需要我们在交流沟通过程中付出百分之百的耐心和诚心，以求达到思想情感的和谐统一。在沟通的过程中，经常会出现局部冲突，这让沟通双方很累。原因在于，彼此没换位思考，也就是没有站在他人的角度考虑问题，从而忽略了别人的处境。而一旦你站在了别人的立场想问题，那么就很容易在感情上产生共鸣，于是所有的问题也就迎刃而解了。

（二）有效沟通的意义

21世纪是一个社交化的社会。生活中的每一天我们都会与别人交流。沟通随时随地都伴随着我们，及时有效的沟通不仅能最大限度地消除误解、减少隔阂和猜疑，更是调节人际关系的润滑剂、提高工作效率的催化剂。有效沟通是消除隔膜、达成共同远景、朝着共同目标前进的桥梁和纽带。有效沟通更是学习、共享的过程，在交流中可以互相学习对方的优点和技巧，提高个人修养，不断完善自我。

（1）沟通是人类集体活动的基础，是人类存在的前提。可以说没有沟通就没有群体活动，就没有人类社会的不断进化。

（2）沟通是现代管理的命脉。没有沟通或者说沟通不畅，管理效率就会低下。

（3）沟通是人际情感的基石。良好的沟通才可以造就健康的人际关系。

（4）沟通是人们生存、生产、发展和进步的基本手段和途径。

【案例一】

钟小姐在业内有多年的从业经验，是一家外资企业研发部门的主管，在业务的拓展方面有着自己独到的见解，只要她认为可行的方案必定会坚持到底。事实上，对于企业每月定下的工作任务，她都十分投入。

在钟小姐看来，在达到工作目标的同时一定要减少工作失误，即使是一个很小的细节，她也会很详细地向员工了解清楚，以避免产生不必要的差错。

严谨的态度确实让她所带领的部门出错的概率降低，部门的工作业绩也保持着平稳的发展状态。可是，同事和她的关系却并没有因眼前的业务成绩变好而融洽起来，相反，相互之间的交流和沟通越来越少。

她发现他们开始慢慢地远离自己，甚至表现出一种抗拒的情绪。这对提高部门的凝聚力来说很不利，刚开始时钟小姐也尝试着寻找话题增加与同事的交流机会，主动融入同事的圈子里。可是每次他们都只是相当被动地回答她的提问，上下级间不协调的状态似乎没有什么改变。渐渐地，钟小姐也在这种状态中沉默了。

对于部分管理者来说，要完成工作任务不是一件困难的事情，然而如何处理好上司和下属的关系，让整个团队的工作有更好的表现，却让他们不知所措。钟小姐的最大问题是在工作中过于坚持自己的看法以及容易纠缠细节问题，给身边同事传达出不信任的信息，忽视了别人的意见，即使是在刻意与同事交流，但似乎也不是发自内心地希望成为身边同事的朋友，因为她最后选择了放弃。不可否认，这与她自身的性格特征有着密切的联系，同时也反映出她的职场情商并不是很高。这时，加强修炼领导艺术以及与人沟通技巧的修养是一种改变困境的方法。用心交流能够有效地拉近人与人之间的距离，这也是职场交际压力管理的有效方法。

【案例二】

在初入职场的时候，张先生曾经听前辈说过，要在单位里站稳脚跟，首先要保持谦虚的态度，按照上司的要求努力完成手头上的工作就行了，其他的事情尽量少管，以免引来不必要的麻烦。对于过来者的建议，刚刚开始职业生涯的张先生深信不疑地采纳了。这对于性格本来比较内向的他而言，保持一定的沉默比在同事和上司面前表现和炫耀自己的能力，更容易接受。于是，在会议以及活动策划方面，张先生大多时候都保持沉默，往往扮演着"闷葫芦"的角色。

在这些观点的影响下，他的工作开展起来还算顺利。然而，渐渐地，张先生发现身边的同事与他交流的时间越来越少，无论是吃饭，还是周末的活动，很少有同事会主动邀请他参加，于是，他似乎开始与同事产生了距离。同时在一些项目的推广上，领导也不再了解张先生的看法，直接就把任务交给他的下属负责了。眼看在单位里工作快两年了，与他一同上岗的同事，或跳槽，或晋升，而自己的职业发展仍然在原来的水平线上。是自己的能力有缺陷，还是职场情商不足？张先生感到困惑不已。

"多做事，少说话"这种处理职场问题的原则在一定程度上还是可以接受的，这些忠于企业的员工与爱表现自己的员工相比，不会很容易地被老板"炒"掉，因为他们不会存在在公众场合抢上司风头的危险。可是就职业发展而言，这一原则却是一个很大的阻碍因素。

而尽量多与同事和上司沟通是解决张先生所面临的职业问题的最佳办法。对于一些平常很少与上司接触的职业人来说，自然地进行交谈，并且把握好时机是相当重要的技巧，像汇报自己的工作进展，或者进行工作总结都是不错的交流机会。

【案例三】

小丽是老板的秘书，一向勤勤恳恳、规规矩矩，从不出大错。星期四她得到通知，说星期五公司有个舞会，小丽很想参加。虽然按照公司的规定，星期五可以不穿正装，但是身为老板的秘书，小丽每天都穿职业套装，她不敢穿得太随便。可是既然有舞会，总不能穿正装参加吧？因此，小丽破例换上连衣裙，把自己打扮得漂漂亮亮的。她在老板办公室进进出出，老板看着很不舒服，但没说什么。下午，老板通知她："3点钟有个紧急会议，你准备一下，负责会议记录。咦，你怎么穿成这个样子，赶快换掉。"小丽这才说："公司有舞会，何况今天是星期五，公司规定……"老板火了："到底是舞会重要还是工作重要？"

小丽认为自己并没有违反公司的规定，回答得理直气壮。殊不知小丽如果回答得没有道理，老板还可以批评她。她回答得有道理，老板更是下不了台，于是恼羞成怒，逼迫小丽换掉连衣裙，否则"炒鱿鱼"。结果小丽强忍泪水，赶快打车回家换衣服。

如果小丽一开始就向老板暗示今天是星期五，可以穿便装，也许老板就会不以为意了。

不要以为多说多错，不说不错。有话不说往往会使你陷入被动的局面。如果你的上司交给你一项很复杂的任务，你完成不了，又一直不敢开口，最后任务完不成，那所有的过错都是你的。如果你早说了，你的上司就会想其他的办法解决。而你明明完不成任务，还一声不响、硬着头皮继续做，往往贻误了时机。还有，如果你很少说话，别人就很难了解你，不知你整天想什么，所以有晋升的机会也轮不到你。

【案例四】

廖先生，在一家单位负责广告部门的管理工作，对人际关系的奥妙深有感触："与同事之间的关系是非常重要的，在很多情况下，人际关系有助于工作能力的发挥，而其中的人际协调能力本身就是工作能力的一种。"

在谈到一个单位内部的关系协调和集体氛围的处理时，身为部门主任的廖先生说："内部成员之间的人际关系主要靠大家的相互尊重、相互信赖，而一个集体良好氛围的营造很大程度上在于领导。领导必须待人真诚，而且切不可太自私，至少也要真正做到对大家负责。"

廖先生回忆起了一次客户划分事件，他把这个客户"给"了两个下属A和B，其中A是他多年的得力助手。一段时间过后，有人向他反映，B有意回避A，并且从中捞了不少好处。得知这件事情后，廖先生说："我的第一反应就是要把这件事情协调好，否则会影响部门内部成员之间的关系。"但是同时他也首先平静了一下自己的心情，希望能和平解决问题。"人的本性都是自私的，这些我是可以理解的，站在他们任何一个人的立场我都有过考虑。"

于是，他立即找到B，详细地分析了其这样做的利害关系。考虑到这件事牵涉的利益范围比较大，廖先生知道很可能需要有第二次交谈。一周后，他又找到这位同事，又做了一次思想工作，这位同事终于明白了其中的道理，"从那以后两个人合作得很好，为部门带来了不少收益。"廖先生很欣慰地对记者说。

三、如何进行有效的沟通

一个人的成功，20%靠专业知识，40%靠人际关系，另外40%需要观察力的帮助，因此为了提升我们个人的竞争力，获得成功，就必须不断地运用有效的沟通方式和技巧，随时有效地与"人"接触沟通，只有这样，才有可能使你的事业取得成功。要想取得更好的沟通效果，应该掌握以下几点：

（一）要积极主动，做忠实的听众

不管是与客户沟通，还是与上级或同事沟通，首先要积极主动，才能把握时机。因为有些事情的沟通有很强的时效性，错过了就失去了机会。沟通是双向行为，沟通双方一个要善于表达，一个要善于倾听，通过双方沟通、倾听、反馈，再沟通、倾听、反馈的循环交流过程，来明确沟通的主题和问题的解决办法。沟通就是一个互动的过程，沟通的双方只有积极配合，才能使沟通的目的得到实现。为了使信息及时、有效地在双方之间传递，你必须学会倾听，在对方有意与你进行沟通时，你要积极配合对方的言语，比如对方与你交流时，你要用积极的目光注视着他，在他讲述的过程中适时点点头，不要看表，不要翻阅文件，更不要拿着笔乱画乱写，并且对他言语中你不明白的地方要及时提问，这样会让他认为你在关注他的话，会增强他的诉说欲，他会乐意向你提供更多的信息，你在这样的沟通过程中会准确、完整地得到对方想传播的信息。

（二）要真心诚意沟通

有人说："什么沟通不沟通，不就是忽悠吗？忽悠不就是'骗经'吗？"其实这是不对的，真心的沟通不是欺骗，而是以"诚"当头，即使是竞争对手，他们在沟通时也会说："没诚意就不要谈。"沟通的过程中不能一味地只顾自己的利益或立场，而是既要有原则底线也要有妥协和包容，懂得求同存异。

（三）要做好沟通前的准备工作，沟通内容要明确

缺乏沟通前的准备工作，势必造成沟通过程中"东扯葫芦西扯瓢"的局面产生，既浪费沟通双方的工作时间，又不利于问题的解决。因此有效的沟通要有清晰的沟通主线、明确的沟通主题，事先安排好沟通提纲——先讲啥，后说啥，做到心中有数，切勿给对方留下管理者沟通走过场、瞎聊的印象。同时，要讲究沟通的艺术性，比如说管理者与下属沟通工作中，要首先考虑人的心理承受能力，先肯定其成绩和好的方面，再指出其不足及需要改进的方面。沟通中要多体现人文关怀，才能利于沟通目的的达到。

（四）控制自己的情绪

即使对方看上去是在对你发脾气，也不要与他对抗。别人的情绪或反应很可能和你一样，是由于畏惧或是受到挫败而产生的。做一个深呼吸，让对方尽情发泄情绪，直至他愿意说出他真正在想什么。

（五）营造氛围、懂得倾听

不管你与谁沟通，如果有了好的氛围可以说沟通已经成功了一半，好的氛围能使紧张得以松弛，更容易让对方接受你的观点，也更能让对方讲出真心话，而好的氛围不仅与谈话的环境有关，也与谈话的语气、语调密不可分。有些人喜欢以自我为中心，既不懂得倾听，又喜欢打断别人的讲话。

（六）体谅他人的行为

这其中包含"体谅对方"与"表达自我"两方面。所谓体谅是指设身处地为别人着想，并且体会对方的感受与需要。在经营"人"的过程中，当我们想对他人表示体谅与关心时，唯有设身处地为对方着想。感受到了解与尊重后，对方才会体谅你的立场与好意，既而做出积极而合适的回应。

（七）使用并观察肢体语言，注意非语言性的暗示

对方嘴巴上说的话实际可能与非语言方面的表达互相矛盾，要学着去解读情境。当我们在和人谈话的时候，即使自己还没开口，内心的感觉就已经透过肢体语言清清楚楚地表现出来了。听话者如果态度冷淡，说话者就会特别在意自己的一举一动，不愿意敞开心胸。相反，如果听话的人很热情，对对方说的话题很感兴趣，那就表示他愿意接纳对方，很想了解对方的想法，说话的人就会受到鼓舞。而这些肢体语言包括：自然的微笑，不要交叉双臂，手不要放在脸上，身体稍微前倾，常常看对方的眼睛，点头。注意弦外之音，注意没有说出来的话、没有讨论的信息及答复不完全的问题。

（八）不同的事不同的人可以采取不同的沟通方式

有效的信息发送方式在沟通中十分重要，这就要求我们要针对不同的沟通对象和目的选择不同的发送方式。会议、QQ、电话、短信、通知、公告、面对面等都是我们可选择的沟通方式，就看哪一种更有效。如果是一般性的说明情况的信息沟通，通过电话、邮件就可以解决；如果是为了交流感情和增加信任，则应该在合适的时间、地点面谈。

自我测评

一、回答下列题，测试自己的沟通能力

1. 在和别人交谈的时候，是否觉得自己的话常常不能被人正确理解？（　　）
 A. 常常是　　　　B. 有时是　　　　C. 很少
2. 和与自己观点不同的人交流时，你是否会觉得对方的思想很怪异呢？（　　）
 A. 从不　　　　B. 有时是　　　　C. 经常是
3. 在与人谈话的时候，如果你对正确理解别人的观点没有把握，你是否会请对方明确解释？（　　）
 A. 总是　　　　B. 很难说　　　　C. 一般不会
4. 你在开会或上课的时候，是否能够专心听讲？（　　）
 A. 一般会　　　　B. 很少　　　　C. 几乎不
5. 如果一个同事或同学对一个你看起来很无聊的笑话大笑不止，你会觉得他（她）无聊吗？（　　）
 A. 会　　　　B. 难说　　　　C. 不会
6. 如果别人在回答你的问题时很含糊，你会重新把自己的问题再说一遍吗？（　　）
 A. 会　　　　B. 有时会　　　　C. 不会
7. 在一次会上，老板（老师）说出了一件错误的事情，或者根据错误的信息得出了一个错误的论点，你会出来反对吗？（　　）
 A. 经常会　　　　B. 偶尔会　　　　C. 不会

8. 在一次会议中，有人反对你的观点，你认为他（她）是反对你这个人本身吗？（   ）
A. 不是　　　　　　B. 可能是　　　　　　C. 一定是

9. 在通知别人一件事时，你喜欢用发短信的形式代替打电话吗？（   ）
A. 喜欢　　　　　　B. 觉得无所谓　　　　C. 不喜欢

10. 你不同意一个人已经发表的谈话内容时，是否还会认真听下去？（   ）
A. 是　　　　　　　B. 难说　　　　　　　C. 不会

评分方法

每个问题选择 A 得 2 分，选择 B 得 1 分，选择 C 得 0 分。

结果分析

总分为 0～12 分：说明你的沟通能力较差，必须加强这方面的学习；

总分为 13～16 分：说明你的沟通能力一般，仍需继续学习和锻炼，不断提高自己；

总分为 17 分以上：说明你的沟通能力很强。

这个评价并不是对你的沟通能力的一个准确衡量，而是一种定性的评估。你的得分只表明你目前的沟通能力，而不表明你潜在的沟通能力，只要不断学习，积极实践，就一定能够提高自己的沟通能力。

二、下面是一组沟通能力的小测试，请选择一项适合你的情形

1. 你在说明自己的重要观点时，别人却不想听，你会：（   ）。
A. 马上气愤地走开
B. 于是你不再继续说，但可能会很生气
C. 等一等，看还有没有说的机会
D. 仔细分析对方不听的原因，找机会换一种方式去说

2. 去参加老同学的婚礼回来，你很高兴，而你的朋友对婚礼的情况很感兴趣，这时你会：（   ）。
A. 详细述说从你进门到离开时所看到和感觉到的情况以及相关细节
B. 说些自己认为重要的
C. 朋友问什么就答什么
D. 感觉很累了，没什么好说的

3. 你正在主持一个重要的会议，而你的一个下属却在玩弄他的手机，并发出声音干扰会议现场，这时你会：（   ）。
A. 幽默地劝告下属不要玩手机
B. 严厉地叫下属不要玩手机
C. 装着没看见，任其发展
D. 给那位下属难堪，让其下不了台

4. 你正在跟老板汇报工作时，你的助理急匆匆跑过来说有你一个重要客户的长途电话，这时你会：（   ）。
A. 说你在开会，稍后再回电话

B. 向老板请示后，去接电话

C. 说你不在，叫助理问对方有什么事

D. 不向老板请示，直接跑去接电话

5. 去与一个重要的客人见面，你会：（   ）。

A. 像平时一样穿着随便

B. 只要穿得不要太糟就可以了

C. 换一件自己认为很合适的衣服

D. 精心打扮一下

6. 你的一位下属已经连续两天下午请了事假，第三天上午快下班的时候，他又拿着请假条过来说下午要请事假，这时你会：（   ）。

A. 详细询问对方因何要请假，视原因而定

B. 告诉他今天下午有一个重要的会议，不能请假

C. 你很生气，什么都没说就批准了他的请假

D. 你很生气，不理会他，不批假

7. 你刚应聘到一家公司，任部门经理，上班不久，你了解到本来公司中有几个同事想就任你的职位，老板不同意，才招了你。对这几位同事你会：（   ）。

A. 主动认识他们，了解他们的长处，争取成为朋友

B. 不理会这个问题，努力做好自己的工作

C. 暗中打听他们的情况，了解他们是否具有与你进行竞争的实力

D. 暗中打听他们的事情，并找机会为难他们

8. 与不同身份的人讲话，你会：（   ）。

A. 对身份低的人，你总是漫不经心地说

B. 对身份高的人说话，你总是有点紧张

C. 在不同的场合，你会用不同的态度与之讲话

D. 不管是什么场合，你都是用一样的态度与之讲话

9. 你在听别人讲话时，你总是会：（   ）。

A. 对别人的讲话表示兴趣，记住所讲的要点

B. 请对方说出问题的重点

C. 对方老是讲些没必要的话时，你会立即打断他

D. 对方不知所云时，你就很烦躁，就想去做别的事

10. 在与人沟通前，你认为比较重要的是，应该了解对方的：（   ）。

A. 经济状况、社会地位　　　　B. 个人修养、能力水平

C. 个人习惯、家庭背景　　　　D. 价值观念、心理特征

评分方法

题号为1、5、8、10者，选A得1分，选B得2分，选C得3分，选D得4分；其余题号选A得4分，选B得3分，选C得2分，选D得1分。将10道测验题的得分加起来，就是你的总分。

结果分析

总分为 10~20 分：因为你经常不能很好地表达自己的思想和情感，所以经常不被别人所了解；许多事情本来是可以很好解决的，由于你采取了不适合的方式，所以有时把事情弄得越来越糟；但是只要学会控制自己的情绪，改掉一些不良的习惯，你随时可能获得他人的理解和支持。

总分为 21~30 分：你懂得一定的社交礼仪，尊重他人；你能通过控制自己的情绪来表达自己，并能实现一定的沟通效果；但是你缺乏高超的沟通技巧和积极的主动性，对于许多事情，只要你继续努力，就可大功告成。

总分为 31~40 分：你很稳重，是控制自己情绪的高手，所以他人一般不会轻易地知道你的底细；你能不动声色地表达自己，有很高的沟通技巧和人际交往能力；只要你能明确意识到自己性格的不足，并努力优化，一定能取得更好的成绩。

第七节　现代人才应具备的基本职业能力——信息处理

在日常生活中，我们时刻都在与信息打交道。报纸、新闻、成绩、上下课的铃声、刮风下雨、节气变化……这些用文字、图像、声音、数字、现象、情景等所表示的内容，称为信息。信息无时无刻不在影响人类生活的方方面面，人类的生产和生活很大程度上依赖信息的收集、处理和传送。

现代社会已经进入了信息社会，在信息社会中起决定作用的已经不是资本，而是信息知识，这是信息社会的最基本特征。有的人会有针对性地对广泛收集来的信息，通过理性分析及时做出科学判断，从而把握先机，胜人一筹，为自己的职业道路指明方向。而有的人就会错失良机，与机遇擦肩而过，最终遗憾终身。

一、信息能力的内涵

（一）信息能力的概念

信息既不是物质也不是能量，是人类在适应外部环境时，以及在感知外部环境的变化而做出协调时，与外部环境交换内容的总称。因此，可以认为，信息是人与外界的一种交互通信的信号量。信息能力是对各种信息技术的理解和活用的能力，即对信息的获取、理解、分析、加工、处理、传递的理解和活用能力。信息能力是一种基本的信息素养，它是一种在技术层面、操作层面和能力层面上的素养，是个体在主动选择和运用信息及信息手段的基本素质。

（二）信息能力的内容

信息能力是现代创造型人才必须具备的能力，创造型人才在知识渊博、智能高强、反应灵敏的基础上，善于开发利用新的信息。信息能力不是单一的能力，是综合性的能力，其内涵十分丰富。信息能力是针对信息而言的，是信息社会所必备的能力，对于非专业信息人员而言，为适应信息社会的发展，应具有信息获取能力、信息利用能力、信息识别能力、信息分析综合能力及信息的存储加工能力，等等。

1. 获取信息的能力

获取信息的能力是指人们通过对自然的感应、人际交流和大众传媒，利用一定的信息技术获取信息的能力，是人们能够利用信息的最基本能力。在这方面，关键的能力主要包括信息的搜集能力、选择能力和检索能力。

2. 处理信息的能力

处理信息的能力，是指能对搜集的信息进行理解、归纳、分类、存储记忆、批判、鉴别、遴选、分析综合、抽象概括和表达等。信息处理都是在大脑中实现的，在这一过程中，信息在大脑中运转、迁移，甚至以记忆的方式注入大脑中。其中信息理解能力、信息分析综合能力和信息批判能力尤其重要。

3. 生成信息的能力

生成信息的能力是指在信息搜集、选择、理解和批判的基础上，能准确地概述、综合、改造和表述所需要的信息，使之简洁、通俗、流畅并且富有个性特色。

4. 创造信息的能力

围绕同一目的，在多种多样的信息交合作用的基础上，迸发出创造思维的火花，产生新信息的生长点，从而创造新信息，达到搜集、选择、理解信息的终极目的。

5. 信息交流的能力

信息交流能力，是指人们将自己拥有的信息，通过各种形式纳入统一的、正规的信息交流渠道的能力。信息交流是信息存在的特征，是由信息的可传递性决定的，传递起来的信息可以发挥更大的作用。培养一定的信息交流能力是社会发展变化的需要。

二、信息处理能力的重要性

在信息时代，获取信息、评价处理信息、应用传递信息，即信息的素养已经成为个人素质的重要组成部分，对信息的处理方式和技能成为人们十分突出的一项生存本领。在信息时代，传统的成功路径不再令人信服。天分、激励、经验甚至包括知识都不能直接导向成功，只有提高处理信息的能力才能增加成功的概率。如何快速准确地思考和判断、如何有效地处理过去和现在的各种信息、如何面对未来的各种变化，直接决定能否开启成功的大门。

所谓信息处理能力，就是在科学有效地收集和整理信息的基础上，驾驭信息、分析信息，并从中推论出对正确决策有极大帮助的结论。过去人们讲"勤奋出天才"，在信息时代，如果你努力获得的都是无用的信息，那么你再用功都不可能成为天才。

在人的职业能力中，"信息处理能力"被绝大多数学者和教育家看作是人的一种关键能力或者叫核心能力。德国联邦劳动力市场与职业研究所所长梅腾斯最早提出"关键能力"的概念，1974年他在《关键能力——现代社会的教育使命》一文中认为，职业教育应瞄准四种关键能力："基本能力""水平迁移能力""共同的知识原理"和"传统的经久不衰的能力"。其中，"水平迁移能力"指的就是有效运用信息的能力。也就是说，学习者应该具有信息概念或意识，如信息是什么，如何搜集和获得信息，如何处理信息等。运用信息的目的是为了提高知识水平或保证不同知识领域之间的水平迁移。我国不少学者也有大致相同的归纳。林淋先生在专著《改写命运的六种能力》中认为，"信息接受与处理能力"是现代人为适应未来所应具备的六种能力之一。钟华友编著的《打造能力——优化能力的构建》一书列了八项能力，其中把"信息吸纳能力"看成把握时代脉搏的重要能力。

信息是最重要的资源。信息学已被联合国正式更名为信息科学。信息收集、信息管理、信息运用越来越受到企业的重视。在信息社会里，处理信息的能力变得越来越重要，它成为每一个企业获得竞争优势的关键。面对纷繁复杂的信息和事务，最需要的就是如何运用适当的思维方法和思维技巧对这些信息进行分析、归纳、判断和运用。未来的竞争完全可以理解为信息收集、运用、处理能力的竞争。现代社会具有信息量大、传播速度快、传播手段多样化的特点，必须注重对信息的收集和运用。在数字化生存的时代，对信息的吸纳与处理能力成为现代人制胜的重要素质，信息等于机会，信息就是财富，信息的处理能力就是"个人生产力"，是一项重要的核心能力。

三、信息处理能力的作用

（一）信息能力是开拓、创造的基础

随着科学技术的迅速发展，大量的科技信息不断涌现。要开拓新的研究课题，仅靠自己的学识、知识是办不到的，还要依靠他人的经验，借鉴他人的成果，使之成为新的研究方向的依据。专业信息人员有限，他们的工作范围也是有限的，信息人员有时不能很好地把握研究人员真正的信息需求，这就需要研究人员自己去发掘、获取有用的信息，因此信息能力是科学研究有力的助手。

（二）信息能力对人的成才具有作用

信息能力的内涵丰富，在很大程度上表现为综合能力。人们获得了信息能力，也就获得了创造能力，从而促进了智力水平的提高。

（三）是否具有信息能力是区分现代人才与传统人才的关键

传统教育培养的人才以知识型为主，他们在以往的经济建设中发挥了很大的作用，但是其所接受的专业知识，逐渐被新的知识信息代替。当前世界进入了信息时代，信息爆炸、文献资料增加、新知识不断涌现，令人目不暇接，能够适应这种发展潮流的人被称为现代人才，也有人称之为"信息人"，这些人才正是具备了一定水平的信息能力才在信息的浪潮中游刃有余。

四、职场中信息处理能力的培养

作为职业生涯的核心能力——信息处理能力,它不仅包括技术层面的打字输入、上网查询信息以及多媒体使用等与计算机有关的能力,还应该包括信息意识层面上的感受、观察、判断、洞察和创造信息,以及应用信息解决问题的能力,变成生产力的能力。它是现代人的一种综合素质。

(一) 善于从微观信息中分析宏观市场态势

获得的信息反映了微观经济活动,但这些微观经济活动在一定程度上会反映出某个行业的宏观市场态势,我们要善于捕捉、分析和利用。

(二) 及时发现机会并抓住机会

在市场经济中,市场机会是企业走向成功的基点,而机会实际上是信息社会中的一个信息单元,而且稍纵即逝,准确地把握好每一个难得的机会,是职业人的基本功。

(三) 能够从个别现象揭示出普遍规律

引用经验性信息,从个别现象中揭示普遍规律并且由点及面大规模实施,从而成倍地增加企业的效益,是符合信息增值和倍增财富规律的。值得注意的是,并不是所有个别现象都有普遍意义,所以既不能对所有个别现象都进行仔细研究,而浪费人力、财力和时间,又不能忽视那些稍加利用就可以"身价倍增"的重要信息,这是对职业人信息处理能力的一个严峻考验。

(四) 将创造性思维运用到信息处理中

职业人运用创造性思维进行信息处理,实质上有两个内涵:一个内涵是直觉在创造性处理信息中起着很大的作用,在纷繁复杂的事实面前,在多种问题和矛盾中,能够十分敏锐地察觉某一问题或矛盾具有关键意义,从而"创造"出最具价值的信息;另一个内涵是将灵活思维用于信息处理,以一种非常活跃的、完全开放的思维方法吸取信息、整理信息和处理信息,从根本上适应事物自身的复杂性和事物运动变化的多样性,不拘于以往的观念,善于从多个方面,甚至在常理中不可能的地方利用信息,克服思想上的僵化、定式和禁锢,在企业的发展中产生科学的创造性突破。

(五) 善于听取不同意见与信息处理

在企业处理某一专题的信息时会出现很多不同,甚至观念相左的信息,针对某一课题更会有许多种意见。一个职业人必须耐心而且诚恳地倾听这些不同的意见和建议,绝不可与自己的思路相合则喜、不合则怒,恣意取舍,这样做会把来自不同观点的重要信息拒之门外,更为严重的是,会造成信息自身的失真。只有在多种信息的相互碰撞中才能激发职业人的想象力和创造力,以使经营决策不犯错误或少犯错误。

作为核心能力的信息处理能力不能仅仅以计算机的操作技能取而代之。因为,就技术的层面而言,获取信息既要有运用计算机和网络检索搜寻信息的能力,也要有通过传统的纸媒介的阅读、实地调查,以及进行现代市场问卷等多种方式获取信息的能力;既要有用计算机录入生成信息的能力,也要有传统的或基础的写作整理信息的能力;既要有使用多媒体的传输技术的能力,也要有使用传统的纸媒介等传输方式的能力,等等。

实训项目一:放松训练

一、实训概述

【目的及要求】

放松训练又称松弛反应训练或自我调整疗法,是一种通过机体的主动放松来增强对体内的自我控制能力的方法。它是需要在安静的环境中按一定的要求完成某种特定的动作程序,通过反复的训练使人学会有意识地控制自身的活动,从而达到身心轻松、防病治病的目的。

二、实训内容

【项目内容】

放松训练有多种,我们在此介绍一种可以由自己操作的简便易行的放松训练方式,可以用早上醒来或晚上睡觉前的时间练习。一般情况下,持续数分钟的完全放松,比一小时的睡眠效果要好。

【训练步骤】

第一,做好放松前的准备工作。

第二,找一个安静或不受干扰的地方(光线柔和)。

第三,有一个活动自如的空间。

第四,留意自己的姿势,检查是否坐得舒服。

第五,练习开始:

(1) 当你舒舒服服做好准备之后,可以开始做深呼吸,慢慢吸入,然后呼出,每当你呼气的时候在心中默念"放松",当你感觉呼吸平稳、有规律的时候,暂时不要说"放松"。

(2) 将你的注意力集中到右手上,慢慢将右手握紧,紧握成拳头,再用点劲,你会感觉到整个右手由拳头到肩膀变得硬直,然后数1~10。

(3) 慢慢将右手放松、放松,你感到僵直的右臂逐渐经过肩膀—手肘—手腕—手心—手指,慢慢地松弛下来,放松,继续放松,放松整个右手,注意力集中在呼吸上,每当你呼吸时,心里轻轻默念"放松",重复三次。

(4) 再次将注意力集中在你的左手上,重复以上练习。

(5) 将注意力集中在右脚上,将右脚伸直,并且收紧,将脚趾"拉"向头部方向,你会感觉小腿部分酸硬,数1~10,再将脚趾向头部方向伸,数1~10,放松右脚,当你的脚完全放松时,它会很自然地略向外倾。然后将注意力集中在呼吸上,让自己放松。

（6）再将注意力集中在左脚上，重复以上练习。肌肉放松训练的关键是练习者能分辨和感受到肌肉收缩、放松的状况。当你能把握以上的感受后，可以将手足练习的原理运用到身体其他部分，如头部、颈部、肩部、背部。

实训项目二：沟通能力训练

一、实训概述

【目的及要求】

让学生理解沟通在职业生涯发展中的作用，强化沟通意识，掌握沟通技巧，培养沟通习惯。

二、实训内容

【项目内容】

将学生分成若干组，每组5~8人，每组准备一张16开白纸。通过游戏，让学生学习基本的沟通技巧。

【训练步骤】

一、按要求操作

1. 把纸按顺时针方向旋转180°。
2. 把纸对折。
3. 重复步骤1。
4. 重复步骤2。
5. 把纸按顺时针方向旋转90°。
6. 在纸的右上角撕去一个边长为1厘米的正方形。
7. 重复步骤5。
8. 在纸的左上角撕去一个半径为1厘米的四分之一圆。

根据大家的折纸结果请分析一下，在信息的接受方都是认真办事的人的前提下，信息传递方的指令被传达后未达到预期结果的原因是什么？信息的传递方和信息的接受方如何达到有效沟通？

二、小组讨论

三、汇报结果

实训项目三：职业素质的培养

一、实训概述

【目的及要求】

越来越多的毕业生拥有多种技能，比如外语、IT等技能，但他们却习惯以自我为中心，缺乏职业人应有的对企业的责任意识以及与他人有效沟通和协调的意识和能力，而这些恰恰是一个职业人士应该具备的职业素养。正因为缺乏这些职业素养，一旦到了工作岗位上，毕业生就会暴露出这样那样的问题，时不时地"掉一下链子"。通过一个实习生违约案例，让学生了解职业素质的重要性，并形成一定的自觉意识，逐步完成自我提升。

二、实训内容

【项目内容】

认真阅读资料，完成论述文章，谈谈你对职业素质的理解和认识。

【训练步骤】

阅读资料：

小J毕业于南方一所著名的大学，目前在上海某知名高等学府攻读财务专业的硕士课程。她以出色的成绩、实习履历以及英语技能在近千人中脱颖而出，在接下来的一系列面试中过关斩将成为该项目实习生之一，并与公司郑重签署了相关协议，接受了针对该项目的包括国际商务礼仪在内的多次培训。

为了确保项目的顺利执行，公司在招募实习生的广告、面试通知、面试、培训和协议中都反复强调了一条对实习生的基本要求——一周的项目培训，除疾病等不可抗力因素外一律不许请假。然而小J却在上班的前一天就向项目负责人提出请两个上午假，理由是要去参加两个公司的笔试。在这个时间以这个理由请假，暴露出了小J对企业、对自己的承诺都严重缺乏责任意识，请假也不符合协议约定，不能被批准。但小J还是选择去参加笔试，放弃了该项目的实习。当日，公司人力资源部和小J做了第一次面谈，对她作为一个面临就业压力的应届毕业生做出这样的选择表示了理解，但也同时希望她尊重自己的承诺和法律的严肃性，承担起相应的违约责任。然而，小J在这之后没有如约主动联系公司，一个月后，当人力资源部再次联系她时，小J竟然拒绝面谈，并以诸如"用圆珠笔签的协议没有法律效力"等荒唐的理由企图否认自己违约的事实。

经过多次电话沟通和最后的面谈，最终，小J认识到自己在从一个学生向企业员工的角色转变过程中，在法律意识、责任意识、沟通意识上存在的严重不足，也从公司员工身上学到了职业人应有的基本素养。她心悦诚服地缴纳了象征性的违约金，作为自己踏入社会后第一堂课的学费。

第四章

职业礼仪

知礼懂礼是顺利进入职场的保障

小黄去一家外企进行最后一轮应聘总经理助理的面试。为确保万无一失，这次她做了精心的打扮。一身前卫的衣服、时尚的手环、造型独特的戒指、亮闪闪的项链、新潮的耳坠，身上每一处都是焦点，简直无与伦比。而她的对手只是一个相貌平平的女孩，学历也并不比她高，所以小黄觉得胜券在握。但结果却出乎意料，她没有被这家外企认可。主考官抱歉地说："你的确很漂亮，你的服装配饰无不令我赏心悦目，可我觉得你并不适合干助理这份工作。实在很抱歉。"

案例解析：我们可以看到小黄求职的失败，是因为她的仪表没有给招聘单位留下良好的第一印象。着装太过前卫、时髦，配饰繁多，造型夸张，过于矫饰，给人一种轻薄、不稳重的感觉，令招聘单位反感，正是小黄不懂服饰礼仪，造成她求职失败。作为即将踏入社会的大学生，掌握礼仪的基本素养，知书达礼，待人以礼，是不可或缺的基本素养。

第一节 大学生学习礼仪的重要性

一、礼仪的含义和重要性

（一）礼仪的含义

礼仪是在人际交往中，以约定俗成的方式来表现的律己敬人的手段和过程，涉及仪表、穿着、言谈、交往、沟通、情商等内容。从个人修养的角度来看，礼仪可以说是一个人内在修养和素质的外在表现。从交际的角度来看，礼仪可以说是人际交往中的一种艺术、一种交际方式或交际方法，是人际交往中约定俗成的示人以尊重、友好的习惯做法。从传播的角度来看，礼仪可以说是在人际交往中进行相互沟通的技巧。可以大致分为国务礼仪、政务礼仪、商务礼仪、服务礼仪、社交礼仪、销售礼仪、涉外礼仪等。

现代交际礼仪泛指人们在社会交往活动过程中形成的应共同遵守的行为规范和准则。具体表现为礼节、礼貌、仪式、仪表等。

礼仪的内容涵盖社会生活的各个方面。从表现形式上看，有仪容、举止、表情、服饰、谈吐、行为等；从执行对象上看，有个人礼仪、公共场所礼仪、职场礼仪等；从类别内容上看，有沟通礼仪、交际礼仪、公务礼仪、文字礼仪等。

（二）大学生学习礼仪的重要性

我国是历史悠久的文明古国，几千年来创造了灿烂的文化，形成了高尚的道德准则、完整的礼仪规范，被世人称为"文明古国，礼仪之邦"。礼仪是中华传统美德宝库中的一颗璀璨的明珠，是中国古代文化的精髓。身居礼仪之邦，应为礼仪之民。知书达礼，待人以礼，应当是当代大学生的一个基本素养。然而，在大学校园仍有许多不知礼、不守礼、不文明的行为，还有许多与大学生的礼仪修养、精神文明建设极不和谐的现象。可见，对大学生进行社交礼仪教育具有跨时代、跨世纪的特殊意义。因为礼仪教育不仅是素质教育所必需的，而且也是社会文明进步的强烈要求。礼仪文明作为中国传统文化的一个重要组成部分，对中国社会发展产生了广泛而深远的影响。对一个人来说，礼仪是一个人的思想道德水平、文化修养、交际能力的外在表现；对一个社会来说，礼仪是一个国家社会文明程度、道德风尚和生活习惯的反映。

现代社会文明程度的提高，自然促进了人的素质的提高，高素质的人对礼仪文化也就更重视。在当今社会学习礼仪具有深远的意义。

1. 学习礼仪是适应对外开放、适应市场经济发展的需要

改革开放的国策打破了长期封闭的环境，走出国门、走向世界，大力发展市场经济是现代人应有的意识。在市场经济的氛围下，市场竞争日趋激烈，促进了人与人之间、组织与组织之间、地域与地域之间的相互依赖和相互合作，不懂得现代的社交礼仪，那么就很难在市场上站稳脚跟。更多地了解学习礼仪的知识，能帮助自己顺利走向市场、立足市场。礼仪的学习能够帮助你顺利地走向社会、走向世界，更好地树立自身的形象，在与人交往中给人留下彬彬有礼、温文尔雅的美好印象。

2. 学习礼仪是适应现代信息社会的需要

现代信息社会飞速发展的传播沟通技术和手段日益改变着人们传统的交往观念和交往行为。尤其是人们交往的范围已逐步从人际沟通扩展为大范围的公众沟通，从面对面的近距离沟通发展到了不见面的远程沟通，从慢节奏、低频率的沟通变为快节奏、高频率的沟通。这种现代信息社会的人际沟通的变化给人类社交礼仪的内容和方式均提出了更高的要求。在这种沟通的条件下，我们要实现有礼有节的交往，去实现创造"人和"的境界。

3. 学习礼仪是争做现代文明人的需要

作为"天之骄子"的大学生，要成为一个有道德、有文化、有纪律、有知识的人，学会必要的礼仪知识也是其中的一个方面。礼仪是一门具有较强的实践性和实用性的学科。礼仪教育可以丰富大学生的礼仪知识，让他们掌握符合社会主义道德要求的礼仪规范，并指导他们在实际生活中按照社交礼仪规范来约束自己的行为，真正做到"诚于中而行于外，慧于心而秀于言"，把内在的道德品质和外在的礼仪形式有机地统一起来，成为真正名副其实的有较高道德素质的现代文明人。

4. 学习礼仪，能提高大学生的心理素质

任何社会的交际活动都离不开礼仪，而且人类越进步，社会生活越社会化，人们也就越

需要礼仪来调节社会生活。礼仪是人际交往的前提条件，是交际生活的钥匙。任何一个生活在某一礼仪习俗和规范环境中的人，都自觉或不自觉地受到该礼仪的约束。自觉地接受社会礼仪约束的人，就被人们认为是"成熟的人"、符合社会要求的人。反之，一个人如果不能遵守社会生活中的礼仪要求，他就会被视为"惊世骇俗"的"异端"，就会受到人们的排斥，社会就会以道德和舆论的手段来对他加以约束。大学生堪称"准社会人"，还不是真正的社会人。他们有一种强烈的走向社会的需求，同时又普遍存在一些心理困惑，比如，走上工作岗位后如何与领导、同事打交道，如何建立良好的人际关系，如何进行自我形象设计，如何尽快地适应社会生活等。大学生的社会心理承受力直接影响到交际活动的质量。一个具有良好的心理承受力的人，在交际活动中遇到各种情况和困难时，都能始终保持沉着稳定的心理状态，根据所掌握的信息，迅速采取最合理的行为方式，化险为夷，争取主动。相反，一些缺乏良好心理承受力的人，在参加重大交际活动前，常会出现惊慌恐惧、心神不定、坐卧不安的状况，有的在交际活动开始后，甚至会出现心跳加快、四肢颤抖、说话声调不正常的现象。学习礼仪，有利于大学生与他人建立良好的人际关系，形成和谐的心理氛围，促进大学生的身心健康，提高大学生的心理素质。

5. 学习礼仪可以提高大学生的职业素质

在通常意义上，一位合格的员工应该具备全面的职业素质，也就是说，他不仅应该具备扎实的专业能力，还应兼具良好的组织协调能力、交流沟通能力以及团队意识、奉献精神等。礼仪教育涵盖了中华民族的文化教育和道德教育，影响和改变着人的价值观、人生观、个性等，最终目标是教会你如何与人相处、如何做文明人。礼仪体现了个人的职业素质，对现代职业人而言，拥有丰富的礼仪知识，以及能够根据不同的场合应用不同的交际技巧，往往会令事业如鱼得水。

6. 学习社交礼仪是组织形象的保证

在人际交往中，人总是以两种形象出现：一种是个人形象，以个人身份去待人接物，此时表现的就是个人形象；一种是组织形象，以个人代表组织去与人相处，此时表现的就是组织形象。礼仪就其职能而言，不仅能帮助树立良好的个人形象，还能帮助树立优秀的组织形象。从个人的角度来看，学习礼仪，有助于提高人的自身修养；有助于美化自身、美化生活；有助于促进人们的社会交往，改善人际关系；还有助于净化社会风气。从团体的角度来看，礼仪是企业文化、企业精神的重要内容，是企业形象的主要附着点。大凡国际化的企业，对礼仪都有高标准的要求，都把礼仪作为企业文化的重要内容。同时，礼仪也是企业获得国际认证的重要软件。

所以，学习礼仪，是企业提升竞争力的现实所需。

（三）大学生礼仪缺失的原因

造成一些大学生礼仪素养低下的原因，大致有以下几点：

第一，中学时代应试教育的副作用。在这个层面上，家长、教师，乃至整个教育体系都负有不可推卸的责任。高考的指挥棒的魔力使中小学的教育是以"分数"和"考试"为中心的教育，德育和美育长期受到不应该的冷落。学生把分数看成是"命根"，老师把分数看成是"法宝"，家长只看学生的成绩，不关心学生的心理和品格的全面发展。这种只用学习成绩的名次来衡量学生的行为，就决定了教师只在教学上下功夫，而在塑造孩子的灵魂方面却很少花费时间和精力。

第二，社会的转型。当社会处于价值观的转型时，伦理、道德、观念都处于混乱状态之中，作为社会一部分的大学生，也是难做到"出淤泥而不染，濯清涟而不妖"的。大学城已非伊甸园般的净土。作为一个典型的亚文化圈，大学城必然要受到社会大文化的影响。在商品化和传媒化的社会里，不食人间烟火的象牙塔早已不复存在。当代的中国正面临着相似的社会文化背景，中国的大学生正经历着一个痛苦的"断奶"历程，如何判断真、善、美，是他们急待弥补的课程。

第三，社会不良风气的影响。大学生身边就有很多不良风气，比如"课桌文学""厕所文学"的泛滥，图书馆的书被乱涂乱写，某些大学教授抄袭他人的学术论文，有些教师为了创收而对上课敷衍了事……还有社会上的凶杀、色情、受贿、贪污、蒙骗等种种负面因素的影响。

因此大学生们应吸取传统文化的精髓，提高文化道德修养，学习一些必要的礼仪常识，方可立足于社会、立足于风潮的前端，方可得到人们更多的肯定。其实，不知道大学生们是否曾想过：当你在社会交往中用礼貌的语言与人交谈、用文明的举止与人交往、用得体的文书与人交流时，对方一定会感受到你彬彬有礼的气度、落落大方的气质、文明道德的修养，从而平添几分敬意。优雅合理的谈吐、亲切得体的仪容，会使人感到一股温暖的春风吹来。礼仪贯穿着人际交往的始终，为交往的内涵服务；不重视礼仪必然会影响交流的深度和交往的持久性。由于礼仪的缺失而影响交往实在是因小失大。不单对外交往，我们大学生在日常生活中也要重视礼仪，养成习惯，这有助于提高自己的品位。

二、礼仪的功能

礼仪之所以被提倡，是因为它具有以下功能：

1. 沟通功能

人们在社会交往中，只要双方都能自觉地遵守礼仪规范，就容易沟通感情，从而使交往容易成功。在社会交往时只要人们注重礼仪规范，就能够互相尊重、友好合作，从而缓和或避免不必要的冲突。

2. 协调功能

礼仪的协调功能，体现在对人际关系的润滑和调节上。人们在交往中按照礼仪规范去做，有助于建立和加强人与人之间相互尊重、友好合作的新型关系，使人际关系更加和谐，社会秩序更加有序。

3. 教育功能

礼仪是人类社会进步的产物，是传统文化的重要组成部分。礼仪蕴含着丰富的文化内涵，体现着社会的要求与时代精神。礼仪通过评价、劝阻、示范等教育形式纠正人们不正确的行为习惯，指导人们按礼仪规范的要求去协调人际关系，维护社会正常生活。让国民都来接受礼仪教育，可以从整体上提高国民的综合素质。

4. 塑造功能

礼仪讲究和谐，重视内在美和外在美的统一。礼仪在行为美学方面指导人们不断地充实和完善自我，并潜移默化地熏陶人们的心灵，使人们的谈吐变得越来越文明，人们的装饰打扮变得越来越富有个性，举止仪态越来越优雅，并符合大众的审美原则，体现出时代的特色和精神风貌。

5. 维护功能

礼仪作为社会行为规范，对人们的行为有着很强的约束力。在维护社会秩序方面，礼仪起着法律所起不到的作用。社会的发展与稳定、家庭的和谐与安宁、邻里的互助与和睦、同事之间的信任与合作，都有赖于人们共同遵守礼仪的规范与要求。社会上讲礼仪的人越多，社会便会越和谐稳定。

礼仪以一种道德习俗的方式对全社会的人发挥着维护社会正常秩序的教育作用。人们通过对礼仪的学习和应用，建立新型的人际关系，从而在交往中严于律己，宽以待人，互尊互敬，互谦互让，讲文明，懂礼貌，和睦相处，形成良好的社会风尚。礼仪通过评价、劝阻、示范等教育形式纠正人们不正确的行为习惯，倡导人们按礼仪规范的要求协调人际关系，维护社会正常生活。

三、培养礼仪修养的途径

礼仪对社会的作用是，能够改善人们的道德观念、净化社会风气、提高社会文化素质。礼仪对个人的作用是，可以增强自尊、自重、自信、自爱，为社会的人际交往铺平道路，有利于人们处理好各种关系。培养礼仪修养的途径有以下几点：

1. 自觉接受和学习礼仪教育

礼仪不仅反映着一个人的交际技巧和能力，更反映着一个人的气质、风度和教养。通过学习礼仪，可以提高自身的道德修养和文明程度，更好地显示自身的优雅风度和良好形象。一个彬彬有礼、言谈有致的人，他在人生道路上将是春风拂面，受到人们的尊重和赞扬，而且他自己就是一片春光，给别人、给社会带来温暖和欢乐。人的自觉性不是先天就有的，而是要依靠教师的指点，依靠不断地培养，靠社会健康的舆论导向和良好的环境习染，礼仪教育是使礼仪修养充实完美的先决条件。通过礼仪教育和培训，可以分清是非，明辨美丑，懂得常识，树立标准，这是人们礼仪行为形成的外部条件，是进一步提高自我修养的前提条件。古人强调，"吾日三省吾身"，说明提高个人修养必须注意反躬自省。同样，学习礼仪，也应处处时时注意自我检查。这样，将有助于发现缺点，找出不足，不断总结技巧，自我提高。

2. 通过阅读艺术作品和科学文化知识提高礼仪素养

通过阅读艺术作品和科学文化知识，使自己博闻强识，提升文化艺术方面的修养，这对提高礼仪素质大有裨益。而文化艺术修养的提升可以大大丰富礼仪修养的内涵，提升礼仪品位，并使礼仪水平不断提高。

3. 积极参加社交实践活动，逐步提高礼仪修养

现代社会，人际交往越来越广泛，仅仅从理论上弄清礼仪的含义和内容，而不去在实践中运用是远远不够的，礼仪修养关键在于实践，既要修炼又要培养，离开实践，修养就成为无源之水，无本之木。在培养礼仪修养时，要以主动积极的态度，坚持理论联系实际，将自己学到的礼貌礼节知识积极地应用于社会生活实践的各个方面，要在各种场合中，时时处处自觉地从大处着眼，小处着手，以礼仪的准则来规范自己的言谈举止，这样持之以恒，就会逐渐增强文明意识，培养礼貌行为，去除粗俗不雅的不良习惯，成为一个有礼仪修养的人。

四、礼仪的原则

礼仪的核心是一种行为规范，用来约束我们日常活动的方方面面。因此，这就要求人们在运用礼仪时，在宏观上必须掌握一定的原则。

1. 真诚尊重原则

苏格拉底曾说："不要靠馈赠来获得一个朋友，你须贡献你诚挚的爱，学习怎样用正当的方法来赢得一个人的心。"可见在与人交往时，真诚、尊重是礼仪的首要原则，只有真诚待人才是尊重他人，只有真诚尊重，方能创造和谐愉快的人际关系，真诚和尊重是相辅相成的。

真诚是对人对事的一种实事求是的态度，是待人真心实意的友善表现。真诚和尊重首先表现为，对人不说谎、不虚伪，不骗人，不侮辱人；其次表现为对他人的正确认识，相信他人，尊重他人，只有互相尊重才能使双方心心相印，友谊地久天长。

2. 平等适度原则

在社交场上，平等适度的原则是指对任何交往对象都要一视同仁，掌握礼仪分寸，根据具体情况、具体情境而行使相应的礼仪。这是保持良好人际关系的诀窍。

平等是人与人交往时建立情感的基础，是保持良好的人际关系的诀窍。平等在交往中表现为，不骄狂，不我行我素，不自以为是，不厚此薄彼，不傲视一切、目中无人，更不以貌取人，或以职务、地位、权势压人，而是平等谦虚待人。唯有如此，才能结交更多的朋友。

适度原则即交往应把握礼仪分寸，根据具体情况、具体情境而行使相应的礼仪，如在与人交往时，既要彬彬有礼，又不能低三下四；既要热情大方，又不能轻浮谄媚；要自尊但不能自负；要坦诚但不能粗鲁；要信人但不能轻信；要活泼但不能轻浮；要谦虚但不能拘谨；要老练持重，但不能圆滑世故。

3. 自信自律原则

自信的原则是社交场合中心理健康的表现，唯有对自己充满信心，才能如鱼得水，得心

应手。一个缺乏自信的人,就会处处碰壁。一个有充足自信心的人,才能在交往中不卑不亢、落落大方,遇到强者不自惭,遇到艰难不气馁,遇到侮辱敢于挺身反击,遇到弱者会伸出援助之手。自律乃自我约束的原则,即在社会交往过程中,在心中树立起一种内在的道德信念和行为修养准则,以此来约束自己的行为,严于律己,实现自我教育、自我管理,摆正自信的天平。

4. 信用宽容原则

信用即讲究信誉的原则。孔子曾有言:"民无信不立,与朋友交,言而有信。"强调的正是守信用的原则。守信是我们中华民族的美德,在社交场合,尤其讲究一是要守时,二是要守约。所谓"言必信,行必果"。在社交场合,如没有十分的把握就不要轻易许诺于他人,许诺做不到,反落了个不守信的恶名,从此会永远失信于人。

宽容是一种较高的境界,是一种美德。宽容的原则即与人为善的原则,要求人们在交往活动中运用礼仪时,要严于律己,宽以待人,不过分计较他人的过失,多体谅他人,多理解他人,有容人之雅量。宽容是人类的一种伟大思想,在人际交往中,宽容的思想是创造和谐人际关系的法宝。

个人礼仪五大基本要素

第一,以个人为支点。

个人礼仪是对社会成员个人自身行动的种种规定,而不是对任何社会组织或其他群体行为的限定。但由于每个群体都是由一定数量的个体所组成的,每一个社会组织也都是由一定数量的组织成员所构成的,因此,个人行为的良好与否将直接影响着任一群体、社会组织乃至整个社会的面貌。从此意义上看,我们强调个人礼仪、规范个人行为,不仅是为了提高个人自身的内在涵养,更重要的是为了促进社会发展的有序与文明。

第二,以修养为基础。

个人礼仪不是简单的个人行为表现,而是个人的公共道德修养在社会活动中的体现,它反映的是一个人内在的品格与文化修养。若缺乏内在的修养,我们对个人礼仪的具体规定,也就不可能自觉遵守、自愿执行。只有"诚于中"方能"行于外",因此个人礼仪必须以个人修养为基础。

第三,以尊敬为原则。

在社会活动中,讲究个人礼仪,自觉按个人礼仪的诸项规定行事,必须奉行尊敬他人的原则。"敬人者,人恒敬之",只有尊敬别人,才能赢得别人对你的尊敬。个人礼仪不仅体现了人与人之间的相互尊重和友好合作的新型关系,而且还可以避免或缓解某些不必要的个人或群体的冲突。

第四,以美好为目标。

遵循个人礼仪,尊重他人,按照个人礼仪的文明礼貌标准行动,是为了更好地塑造个人的自身形象，更充分地展现个人的精神风貌。个人礼仪教会人们识别美丑，帮助人们明辨是非，引导人们走向文明，它能使个人形象日臻完美，使人们的生活日趋美好。因此，我们说，个人礼仪是以"美好"为目标的。

第五，以长远为方针。

个人礼仪的确会给人们以美好，给社会以文明，但所有这一切，都不可能立竿见影，也不是一日之功所能及的，必须经过个人长期不懈的努力和社会持续不断的发展才能实现，因此，对个人礼仪规范的掌握切不可急于求成，更不能有急功近利的思想。

第二节 职业礼仪

礼仪是人们在生活和社会交往中约定俗成的一种规范，人们可以根据各式各样的礼仪规范，正确把握人与人交往的尺度，合理地处理人际关系。职场是一个高度文明的小社会，作为一个即将步入职场的大学生，如果缺少相关职业礼仪知识和能力，必定会经常感到尴尬、困惑、难堪与失落，进而无缘携手成功。进入职场工作，不仅需要职业技能，更需要懂得礼仪规范：热情周到的态度、敏锐的观察能力、良好的口语表达能力以及灵活而规范的事件处理能力。掌握必要的职业礼仪必定会让人在职场中更上一层楼。

一、职业礼仪的内涵

职业礼仪是指在职场人际交往中，自始至终地以一定的约定俗成的程序、方式来表现的律己、敬人的完整行为。职业礼仪来源于市场经济发展的需要，顺应了各行业竞争的需要，是时代发展的必然产物。

二、职业礼仪的作用

（一）塑造良好的职业形象

在现代社会的商业活动中，企业与个人的形象对事业的发展起到越来越重要的作用。因而职业形象的塑造也被人们所重视。而职业形象是对一个企业，一个人内在、外在信息的评价。良好的礼仪行为表现就是这种被评价、被接纳、被喜欢的前提条件。良好的礼仪形象直接影响着我们的企业形象。从企业形象绩效分析中我们也可以看到，塑造一个良好的企业形象，对企业的发展是有重要作用的，它将作为企业的一项资产而表现于外，将企业的综合实力整体地展现给公众。在如今竞争细节化、激烈化的市场中我们应该抓紧塑造企业形象，从自身做起，从细节做起，以规范的职业礼仪迎接每一位消费者。

（二）提高礼仪文化的修养，提高交往、沟通、组织、协调等职业能力

在通常意义上，一位合格的员工应该具备全面的职业素质，也就是说，他不仅应该具备扎

实的专业能力，还应具备良好的组织协调能力、交流沟通能力以及团队意识、奉献精神，等等。我们知道，大多数用人单位之所以更愿意雇用有工作经验的员工，主要有两个方面的原因：一是看中了他们成熟的专业能力，二是看中了他们的职业素质。一般而言，经过职业历练、具备丰富经验的员工比"新人"更能为单位做出贡献。礼仪的重要功能是对人际关系的调解。在现代社会中，人们的相互关系错综复杂，在平静中会突然发生冲突，甚至采取极端行为。礼仪有利于促使冲突各方保持冷静，缓解已经激化的矛盾。养成良好的礼仪习惯，具备基本的文明教养，自觉主动地遵守礼仪规范，按照礼仪规范约束自己，容易使人际感情得以沟通，有利于建立起相互尊重、彼此信任、友好合作的关系，进而有利于各种事业的发展。

（三）提高人文素质，展现内在美和外在美

通过学习职业礼仪，可以提高内在美和外在美，学会你如何与人相处，如何做文明人，做到知书达礼、着装得体、举止文明、彬彬有礼、谈吐高雅，从而表现出良好的文明修养和精神面貌。

三、职场基本礼仪规范

（一）仪容礼仪

1. 仪容

仪容指人的外貌，即人的容貌，是人体不着装的部位，包括头发、面部、手臂和手掌等。在社交活动中，一个人的仪容往往是其身体上最受对方注意的部位。整洁、美观的仪容是一个人精神面貌的外观体现，它一方面体现了人的素养，另一方面体现了对交往对象的重视。

在仪容方面，必须遵循下述两个基本原则：

其一是干净：卫生是仪容美的关键，是礼仪的基本要求。不管长相多好，服饰多华贵，若满脸污垢，浑身异味，那必然破坏一个人的形象。在社交活动中应当杜绝仪容上的脏、乱、差。平时要勤洗脸、勤洗头、勤洗澡，注意眼部保洁、耳部护理、鼻子美化、口腔卫生、唇部修饰等，使自己的仪容永远显得干净、清爽、利索。

其二是修饰避人：商务人员在按常规修饰个人仪容时，应当规避他人，切忌在公共场合或工作中"修饰"自己，诸如补妆、整理衣裤、搔弄头发、清理鼻孔的分泌物等。如果在别人面前"当窗理云鬟，对镜贴花黄"，则既不够端庄稳重，又有可能被人误解。

2. 仪容的修饰

良好的仪容是人的第一张名片，而完美的形象必须从"头"开始，即对仪容修饰时，面部与头发是两个重点。面部是人际交往中为他人所关注的焦点。在商务交往中，商务人员要想使自己从容，就应注意面部修饰。

化妆的浓淡要视时间、场合而定，要注意以下原则：不要在公共场所化妆；女士不要在男士面前化妆；不要非议他人的化妆效果；不要借用他人的化妆品；不要过分化妆。

(1) 女士化妆。

化妆是一门艺术。在社交场合，适度、得体的化妆是一种礼貌，也是自尊、尊人的体现。对女士来说，化妆要讲究简约、清丽、素雅、端庄，以淡妆、浅妆为主，过分的修饰是不可取的。化妆后表现出若有若无的效果，才是化妆的最高境界。化妆要扬长避短，重在避短，即在化妆时，要突出和美化自己脸上的美，掩饰面部的不足，以达到化妆的最佳效果。

化妆的浓淡要视时间、场合而定。一般来说，白天工作，以淡妆为宜，自然和谐；晚上参加晚宴或舞会，则适当化浓妆，华美不俗；旅游或运动，则不宜化妆，以体现自然美。

(2) 男士美容。

①清洁。成年男子皮脂腺的分泌活跃，油脂分泌过多，容易聚结灰尘，形成污垢，甚至会出现粉刺而影响面容。因此，男士的美容主要是对皮肤进行清洁按摩，保持皮肤的健康、卫生。

②修饰。男士应该选择适合自己皮肤的护肤品来保护皮肤。唇部可用无色唇膏或润唇膏保持嘴唇的丰满圆润。

③剃须。男士经常剃须可以使面部清洁、容光焕发。除有特殊的宗教信仰与民族习俗外，都要经常剃须。

(3) 发型修饰。

头发是人身体的制高点，也是易被他人第一眼注意到的地方。恰当的发型会使人精神焕发，充满朝气和自信。

①勤于梳洗。

一般理发不应长于1个月，洗发应当2~3天洗一次。应把头发打理干净、修饰整齐。

②发型得体。

选择发型要考虑自己的发质、脸形、性格、身材、年纪、职业和着装等，选择时，要以自然、大方、美观为原则。职场女士最规范的发型是盘发和束发。商界男士通常是留短发最好，最规范的是前不遮额、侧不盖耳、后不及领。

(二) 服饰礼仪

在人际交往中，服装被称为"第二肌肤"。它既具有保护人体、防暑御寒的实用功能，也有美化人体、展示个性的审美功能，还有体现社会地位、社会角色、身份差异的社会功能。

1. 服饰的基本原则

服饰反映了一个人文化素质的高低、审美情趣的雅俗。具体说来，它既要自然得体、协调大方，又要遵守某种约定俗成的规范或原则。

(1) 个性原则。

着装必须得体、和谐。为此，着装就必须讲究，这就是服饰的礼仪原则。着装既要适合个体的自身条件，如年龄、体型、肤色、职业、性格等因素，体现自己的个性风格，又要对应别人，与交往对象保持协调一致。

（2）遵守 TPO 原则。

TPO 是英文 "Time" "Place" "Occasion" 三个词的首字母。T 代表时间，P 代表地点，O 代表场合。着装的 TPO 原则是指人们穿着打扮要兼顾时间、地点、场合三个因素。这是世界通行的着装基本原则。得体的穿着，不仅可以显得更加美丽，还可以体现出一个现代文明人良好的修养和独到的品位。

①时间原则：时间泛指早晚、季节与时代。时间原则是指在不同时间、不同季节、不同时代应穿不同的服装。不同时段的着装规则对女士尤其重要。男士有一套质地上乘的深色西装或中山装足以包打天下，而女士的着装则要随时间而变换。白天工作时，女士应穿着正式套装，以体现职业性；晚上出席鸡尾酒会就需多加一些修饰，如换一双高跟鞋，戴上有光泽的佩饰，围一条漂亮的丝巾；服装的选择还要适合季节气候特点，保持与潮流大势同步。

②地点原则：着装要与环境相协调。西装革履与静谧肃穆的办公室相协调，而穿休闲装、拖鞋则人境两不宜；着泳装与海滨浴场相适宜，而穿着它出现在商场、街头则令人哗然。在自己家里接待客人，可以穿着舒适但整洁的休闲服；如果是去公司拜访，穿职业套装会显得庄重。外出时要顾及当地的传统和风俗习惯，如去教堂或寺庙等场所，不能穿过露或过短的服装。

③场合原则：着装要与场合气氛相和谐。工作场合应端庄大方，休闲场合应轻松随意，社交场合可时尚华丽；喜庆场合应鲜艳明亮，悲伤场合应庄重严肃，庄重场合则应严谨规范。与客户会谈、参加正式会议等，衣着应庄重考究；听音乐会或看芭蕾舞，则应按惯例着正装；出席正式宴会时，女士应穿中国的传统旗袍或西方的长裙晚礼服；而在朋友聚会、郊游等场合，着装应轻便舒适。试想一下，如果大家都穿便装，你却穿礼服就有欠轻松；同样，如果着便装出席正式宴会，不但是对宴会主人的不尊重，也会令自己颇觉尴尬。

2. 服饰的运用

（1）西装的穿着。

交际场合最常见，也最受欢迎的是西装。因为西装在造型上线条活泼而流畅，使穿着的人潇洒自然，风度翩翩，富有健美感；在结构造型上与人体活动相适应，使人的颈、胸、腰等部位舒坦，富有挺括之美；在装饰上胸前饰以领带，色彩夺目，给人以一种飘逸的美感。因此，西装是举世公认的美观大方，又穿着舒适的普着化服装。因为它既正统又简练，且不失气派风度，所以已经发展成为国际通用的礼服，在各种礼仪场合被广泛穿着。西装的穿着有相当统一的模式和要求，只有符合这种模式和要求的穿着才能被认为是合乎礼仪的。

西装七分在做，三分在穿。穿着西装有一整套严格的礼节。在正式场合穿西装讲究"三个三"：

三色原则：出席正式场合穿西装，身上的颜色不能超过三种或三种色系，但西装、衬衫、领带、鞋袜不要完全一样。

三一定律：男士穿西装有三个部位色彩要一致，即鞋子、腰带、公文包应为一个颜色，以黑色为佳，较庄重。

三大禁忌：忌穿白袜和尼龙袜，即鞋袜色调不搭配；忌在正式场合穿夹克打领带；忌西装袖子上的商标不拆掉。

（2）西服的搭配。

①衬衫的搭配。

穿好衬衫：穿西装，衬衫是个重点。与西服配套的衬衫必须挺括整洁无皱折，既不可太短小，也不可太肥大。衣领和胸围要松紧适度。系上最上面一粒纽扣，领口以能伸进1～2根手指为宜。衬衫领口应紧贴西装领子，并露出西装领口1～2厘米，衬衫的袖口也应露出西装袖口外1厘米左右。

系好衣扣：打领带时，衬衫的领口和袖口必须扣上不可翻起；摘下领带，衬衫领口一定要解开。

收好下摆：衬衫的下摆一定要均匀地塞到裤腰里。

用好衣袋：上衣袋只作为装饰，包括必要时装折好花式的手帕；裤兜与上衣袋一样，不能装物，以求臀部合适、裤型美观。

②领带的搭配。

领带是西装的灵魂。在西装的穿着中起画龙点睛的作用。

位置：穿西装参加正式活动一定要系领带。领带位于西装与衬衫之间，并使其自然下垂。

结法：领带结要求挺括、端正，外观呈倒三角形，领带结的大小最好与衬衫的大小成正比。在收紧领结时，有意在它的下面压出一道小槽，使其自然、美观。

长度：领带的长度以到皮带扣为宜，过长过短都不合适。

领带夹：穿西装不一定都要用领带夹，若需要使用领带夹，宜在衬衫由上至下的第四粒与第五粒纽扣之间。

③颜色的搭配。

西装、衬衫、领带搭配的常见方法有：

黑色西装，配白色或淡色衬衫，系银灰色、蓝色或黑红细条纹领带；中灰色西装，配白色或淡蓝色衬衫，系砖红色、绿色及黄色调领带；暗蓝色调西装，配白色或淡蓝色衬衫，系蓝色、深玫瑰色、褐色、橙黄色调领带；墨绿色调西装，配白色或银灰色衬衫，系灰色、灰黄色领带；乳白色西装，配与红色略带黑色、砖红色或黄褐色领带互补的衬衫会更显文雅气派。

阅读资料

西装穿着的十大禁忌

1. 忌西裤短，标准长度为裤管盖住皮鞋。
2. 忌衬衫放西裤外。
3. 忌衬衫领太大，领脖间存空隙。
4. 忌领带颜色刺目。
5. 忌领带短，应领带尖盖住皮带扣。

6. 忌不扣衬衫扣就佩戴领带。

7. 忌西服袖过长，应比衬衫袖短1厘米。

8. 忌西服口袋鼓囊囊。

9. 忌西服配运动鞋。

10. 忌皮鞋和鞋带颜色不协调。

（3）女士套裙。

相对于偏于稳重单调的男士着装，女士们的着装则亮丽丰富得多。然而，对于职场女士来说，着装既要注意时代的特点、体现时代精神，又要注意个人性格特点，应符合自己的体形。在正式场合，套裙往往是首选。

①套裙的选择。

套裙分为两种基本类型：一种是随意型，即西装上衣与任意一条裙子自由搭配成套；另一种是"成套型"或"标准型"，即西装上衣和裙子成套设计、制作而成的套装。

套裙的基本要求：应当以冷色调为主。藏青、炭黑、茶褐、紫红等色彩均适宜，清新、雅气而凝练。套裙全部色彩不宜超过两种。

套裙的图案和点缀也是宜少不宜多、宜简不宜繁、宜精不宜糙。套裙讲究简单而朴素。

②套裙的穿着。

大小适度：套裙上衣最短可以齐腰，袖长要盖住手腕，而裙子应不短于膝盖以上15厘米，最长可以穿到小腿中部。

穿着到位：在正式场合，要穿得端端正正，上衣的衣扣一律全部系上，不允许部分或全部解开，更不允许当着别人面把上衣随便脱下来，或搭在身上。

③套裙的搭配。

衬衫：衬衫宜单色，并应与所穿套裙的色彩相协调。穿着时，要将其下摆掖入裙腰内，纽扣——系好。

内衣：穿着内衣最关键的是要大小适当，同时也要注意内衣不要外露、内衣不要透。

鞋袜：鞋袜手套等的搭配也要考究。如袜子以透明近似肤色或与服装颜色协调为好，带有大花纹的袜子不能登大雅之堂。正式、庄重的场合不宜穿凉鞋或靴子，黑色皮鞋是适用性最强的，可以和任何服装相配。

④饰物点缀。

巧妙地佩戴饰品能够起到画龙点睛的作用，给女士们增添色彩。但是佩戴的饰品不宜过多，否则会分散对方的注意力。佩戴饰品时，应尽量选择同一色系的。佩戴首饰最关键的就是要与你的整体服饰搭配统一起来。

（4）配色原则。

服饰的美是款式美、质料美和色彩美三者统一的体现，而在生活中，色彩美是最引人注目的，服饰搭配效果，直接影响在他人心中的第一印象。不同色彩会给人不同的感受，如深色或冷色调的服装让人产生视觉上的收缩感，显得庄重严肃；而浅色或暖色调的服装会有扩张感，使人显得轻松活泼。因此，可以根据不同需要进行选择和搭配。

服饰配色以"整体协调"为基本准则，讲究全身着装颜色控制在三种以内。而黑、白是着装配色中的安全色，几乎可以与任何颜色相配合。色彩搭配的基本方法有三种，即同种色搭配法、相似色搭配法和对比色搭配法。

同种色搭配是将同一类色彩中的各种颜色，按照深浅浓淡程度的不同来搭配，如深灰与灰、墨绿与淡绿、咖啡与米色等。一般而言，同种色搭配宜上淡下深、上明下暗，并可由深入浅逐步过渡。

相似色搭配是指将色谱上相邻的颜色相互搭配，如黄配红、绿配蓝、白配灰等。

对比色搭配指两种性质相反的色彩的组合，最常见的有红配绿、黄配紫、红配蓝、黑配白等。

总之，穿衣是"形象工程"的大事。西方的服装设计大师认为：服装不能造出完人，但是第一印象的80%来自着装。

颜色的象征

红色：热情、勇敢、爱情、健康、喜庆、欢乐；
橙色：富饶、充实、活跃、友爱、豪爽、积极；
黄色：智慧、光荣、忠诚、希望、权威、光明；
绿色：公平、安全、和平、温柔、文静、平安；
蓝色：自信、开朗、高尚、秀丽、沉默、宁静；
紫色：委婉、尊敬、高贵、优雅、信仰、孤独；
黑色：神秘、寂寞、黑暗、压力、严肃、深沉；
白色：神圣、纯洁、无私、朴素、冷酷、诚实。

（5）佩饰原则。

佩戴首饰是服装美感的一种延伸。首饰是指戒指、耳环、项链及挂件、手镯、手链、足链、胸针等饰物。首饰选配得当，会使人增添魅力，但若使用不当，则会影响服饰的整体美。首饰的选配应当与场合、身材、脸形、服装、身份协调。

①耳环。

佩戴耳环要与脸形相适应。圆脸形的人适宜选用链式耳环，不要戴又大又圆的耳环；方脸形的人适宜选用小耳环，不要戴过于宽的耳环；长脸形的人适宜选用宽宽大大的耳环，不要戴过长而且下垂的耳环。肤色深的人宜用浅色耳环；肤色浅者宜用深色耳环。

②项链。

佩戴项链时，要注意与个人条件相配。脖子细长的女性适宜戴直径较细的项链；尖形脸或瓜子脸的女性，可选择较细、较短、秀气的项链；方形脸或圆脸的女性，宜选细长的项链。

佩戴项链还要注意与服装相配。一般说来，穿运动便装或是工作服不应佩戴大耳环之类的饰物。艳丽的衣裙宜配简洁的项链，素色的衣裙则可配色泽明艳、款式别致的项链。身穿旗袍或彩裙时，与之相配的项链不仅要注意长短，还要考虑与衣色、衣式是否相宜的问题。

③戒指。

戒指一般只戴一枚，而且戴在左手上。戒指有宽有窄，镶的宝石也有大有小。年轻女性或少女戴戒指，以整镶大块宝石为佳。中年女性可戴大块宝石或小碎宝石拼镶的戒指。不要一次戴两只戒指。短而粗的手指头不宜戴重而宽的戒指。

④手镯与手链。

手镯与手链都是手腕部的装饰品。手镯一般戴在右手上。宝石镶的手镯应紧贴在手腕的上部，只有成对的手镯才能同时戴在手腕上。如果是短粗胖的手形，不宜戴宽手镯，戴手镯时不应同时戴手表。

最后，值得一提的是，在上班、运动或旅游时少戴首饰为好；晚宴、舞会或喜庆场合最适宜佩戴首饰；吊唁、丧礼场合只允许佩戴结婚戒指、珍珠项链等素色饰品。

（三）仪态礼仪

1. 站姿

在中华民族礼仪要求中，"站有站相，坐有坐相"是对一个人行为举止最基本的要求。站立是人们在生活交往中最基本的姿势。站姿是生活中静态造型的动作，站立不仅要挺拔，而且要优美和典雅，这是优雅举止的基础。正确优美的站姿，会给人挺拔向上、舒展俊美、庄重大方、亲切有礼、精力充沛的印象。

标准站姿：（图4-1、图4-2）

（1）头正，双目平视，嘴唇微闭，下颌微收，面部平和自然。

（2）双肩放松，稍向下沉，身体有向上的感觉，呼吸自然。

（3）躯干挺直，收腹，挺胸，立腰。

（4）双臂放松，自然下垂于体侧，手指自然弯曲。

（5）双腿并拢立直，两脚跟靠紧，脚尖分开呈60°，男子站立时，双脚可分开，但不能超过肩宽。

错误站姿：

（1）两脚分得太开。

（2）两腿交叉而站。

（3）一个肩膀高，另一个肩膀低。

（4）松腹含胸。

（5）一只脚在地下不停地画弧线。

（6）将腿斜靠在马路旁的树干、招牌、墙壁、栏杆上。

（7）不停地摇摆身子，扭捏作态。

（8）与他人勾肩搭背地站着。

（9）膝盖伸不直。

图4-1　男士站姿

图4-2　女士站姿

2. 坐姿（图4-3、图4-4）

坐，也是一种静态造型。坐，作为一种举止，有着美与丑、优雅与粗俗之分。无论哪一种坐姿，都要自然放松，面带微笑。在社交场合，不可仰头靠在座位前背上或低着头注视地面；身体不可前俯后仰，或歪向一侧；双手不应有多余的动作。双腿不宜敞开过大，也不要把小腿搁在大腿上，更不要把两腿伸出去，或不停地抖动。这些都是缺乏教养和傲慢的表现。对于公众场合中的静态美——坐姿礼仪是最考验人，也是最能体现气质美的。端庄优美的坐姿，会给人以文雅、稳重、自然大方的美感。正确的坐姿应该是：腰背挺直，肩放松。女性应两膝并拢；男性膝部可分开一些，但不要过大，一般不超过肩宽。双手自然放在膝盖上或椅子扶手上。在正式场合，入座时要轻柔和缓，起座要端庄稳重，不可猛起猛坐，弄得桌椅乱响，造成尴尬气氛。不论何种坐姿，上身都要保持端正，如古人所言的"坐如钟"。

（1）入座时要轻、稳、缓。走到座位前，转身后轻稳地坐下。如果椅子位置不合适，需要挪动椅子的位置，应当先把椅子移至欲就座处，然后入座。而坐在椅子上移动位置，是有违社交礼仪的。

（2）神态从容自如（嘴唇微闭，下颌微收，面容平和自然）。

（3）双肩平正放松，两手自然弯曲放在腿上，亦可放在椅子或是沙发扶手上，以自然得体为宜，掌心向下。

（4）坐在椅子上，要立腰、挺胸，上体自然挺直。

（5）双膝自然并拢，双腿正放或侧放，双脚并拢或交叠或成小"V"字形。男士两膝间可分开一拳左右的距离，脚态可取小八字步或稍分开以显自然洒脱之美，但不可尽情打开腿脚，那样会显得粗俗和傲慢。如长时间端坐，可双腿交叠，但要注意将上面的腿往回收，脚尖向下。

（6）坐在椅子上，应至少坐满椅子的2/3，宽座沙发则至少坐1/2。落座后至少10分钟左右时间不要靠椅背。时间久了，可轻靠椅背。

（7）谈话时应根据交谈者方位，将上体双膝侧转向交谈者，上身仍保持挺直，不要出现自卑、恭维、讨好的姿态。讲究礼仪要尊重别人但不能失去自尊。

（8）离座时要自然稳当，右脚向后收半步，而后站起。

（9）女子入座时，若是裙装，应用手将裙子稍稍拢一下，不要坐下后再拉拽衣裙，那样不优雅。正式场合一般从椅子的左边入座，离座时也要从椅子左边离开，这是一种礼貌。女士入座尤要娴雅、文静、柔美，两腿并拢，双脚同时向左或向右放，两手叠放于左右腿上。如长时间端坐可将两腿交叠，但要注意上面的腿往回收，脚尖向下，以给人高贵、大方之感。

（10）男士、女士需要侧坐时，应当将上身与腿同时转向同一侧，但头部保持面向前方。

正位坐姿　　　　　　叠腿式坐姿　　　　　　西方国家男士叠腿方式

图4-3　男士坐姿

图4-4　女士坐姿

3. 走姿

走姿是人体所呈现出的一种动态，是站姿的延续。优雅的走姿是展现人的动态美的重要形式，正确的走姿，能走出风度，走出优雅，走出美来，更能显示出一个人的活力与魅力。"行如风"就是用风行水上来形容轻快自然的步态。

正确的走姿应当身体直立、收腹直腰、两眼平视前方，双臂放松在身体两侧自然摆动，脚尖微向外或向正前方伸出，跨步均匀，两脚之间相距一只脚到一只半脚，步伐稳健，步履自然，要有节奏感。起步时，身体微向前倾，身体重心落于前脚掌，行走中身体的重心要随着移动的脚步不断向前过渡，而不要让重心停留在后脚，并注意在前脚着地和后脚离地时伸直膝部。

练习时可注意以下几点：

（1）挺起胸部，全身伸直，背和腰不能弯曲，膝部也不能弯曲，全身成为一条直线。

（2）成一直线前进，不左右摇摆，脚尖向前伸出，不应向内向外。

（3）两臂自然摆动，不晃肩膀，两臂摇摆或两手摇摆都不好看，手腕也要配合，手掌向体内，以身体为重心，前后摇摆，但弧度不能太大。

（4）姿态自然，全身协调，不要死板僵直地前进，这样会显得太呆板；摇摆太厉害，则显轻佻；走得自然，配合手脚动作，方能显示走路的姿态美。

基本要领：

（1）行走时，上身应保持挺拔的身姿，双肩保持平稳，双臂自然摆动的幅度以手臂距离身体 30～40 厘米为宜。

（2）腿部应是大腿带动小腿，脚跟先着地，保持步态平稳。

（3）步伐均匀、节奏流畅会使人显得精神饱满、神采奕奕。

（4）步幅的大小应根据身高、着装与场合的不同而有所调整。

（5）女性在穿裙装、旗袍或高跟鞋时，步幅应小一些；相反，穿休闲长裤时步伐就可以大些，凸显穿着者的靓丽与活泼。女性在穿高跟鞋时尤其要注意膝关节的挺直，否则会给人"登山步"的感觉，有失美观。

除上述要求外，还要注意男女步态风格有别。男步稍大，步伐应矫健、有力、潇洒、豪迈，展示阳刚之美。女步略小，步伐应轻捷、娴雅、飘逸，体现阴柔之美。应当避免的走姿是：走路时身体前俯或后仰，两个脚尖同时向里侧或外侧呈八字形，步子太大或太小，双手反背于背后，身体乱晃。

4. 男士走姿

（1）走路时要将身体挺直，双手自然放下，下巴微向内收，眼睛平视，双手自然垂于身体两侧，随脚步微微前后摆动。双脚尽量走在一条直线上，脚尖应对正前方，切莫呈内八字或外八字，步伐大小以自己足部长度为准，速度不快不慢，尽量不要低头看地面。正确的走路姿态会给人一种充满自信的印象，因此走路时应该抬头、挺胸、精神饱满，不宜将手插入裤袋中。

（2）走路时，腰部应稍用力，收小腹，臀部收紧，背脊要挺直，抬头挺胸，切勿垂头丧气。气要平，脚步要从容和缓，要尽量避免短而急的步伐，鞋跟不要发出太大声响。

（3）上下楼梯时，应将整只脚踏在楼梯上，如果阶梯窄小，则应侧身而行。上下楼梯时，身体要挺直，目视前方，不要低头看楼梯，以免与人相撞。此外，弯腰驼背或肩膀高低不一的姿势都是不可取的。

（4）走路时如果遇到熟人，点头微笑即可，若要停下步伐交谈，注意不要影响他人的行进。如果有熟人在你背后打招呼，千万不要紧急转身，以免紧随身后的人应变不及。

5. 女士走姿

（1）上半身不要过于晃动，自然而又均匀地向前迈进，这样的走路姿态，不急不缓，给人如沐春风的感觉，可谓仪态万千。

（2）女士走路时手部应在身体两侧自然摇摆，幅度不宜过大。如果手上持有物品，如手提包等，应将大包挎在手臂上，小包拎在手上，背包则背在肩膀上。走路时身体不可左右晃动，以免妨碍他人行动。雨天拿雨伞时，应将雨伞挂钩朝内挂在手臂上。

（3）女士在走路时，不宜左顾右盼，经过玻璃窗或镜子前，不可停下梳头或补妆，还要注意，不要三五成群，左推右挤，一路谈笑，这样不但有碍他人行路，看起来也不雅观。在行进过程中，如果有物品遗落在地上，不要马上弯腰拾起。正确的姿势是，首先绕到遗落物品的旁边，蹲下身体，然后单手将物品捡起来，这样可以避免正面领口暴露或裙摆打开等不雅观的情况出现。

（4）一些女士由于穿高跟鞋，走路时鞋底经常发出嗒嗒声，这种声音在任何场合都是不文雅的，容易干扰他人。特别是在正式的场合，以及人较多的地方，尤其注意不要在走路时发出太大的声响。

第三节　职业交往礼仪

一、见面礼仪

（一）称呼礼仪

在社交中，人们对称呼一直都很敏感，选择正确、恰当的称呼，既反映自身的教养，又体现对他人的尊重。称呼不仅仅是一个礼貌问题，更是一块人与人之间交际、交流的敲门砖。准确、得体、饱含恭敬的称呼是交际、交流的润滑剂，它能在一开始就营造出一种和谐的交际氛围，使交流与交际顺利地进行下去。而不当的称呼往往会使人觉得别扭、难堪和讨厌，给交际、交流制造出一种格格不入的气氛，甚至导致交际、交流的失败。

称呼一般可以分为职务称、姓名称、职业称、一般称、代词称、年龄称等。职务称包括经理、主任、董事长、科长、老板等；姓名称通常是以姓或姓名加"先生、女士、小姐"；职业称是以职业为特征的称呼，如秘书小姐、服务先生等；代词称是用"您""你们"等来代替其他称呼；年龄称主要以"大爷、大妈、叔叔、阿姨"等来称呼。使用称呼时，一定要注意主次关系及年龄特点，如果对多人称呼，应以称呼年长者为先、上级为先、关系远者为先。

（二）介绍礼仪

介绍就基本方式而言，可分为自我介绍、为他人做介绍、被人介绍、引见介绍四种。在做介绍的过程中，介绍者与被介绍者的态度都要热情得体、举止大方，整个介绍过程应面带微笑。一般情况下，介绍时，双方应当保持站立姿势，相互热情应答。

1. 为他人做介绍

应遵循"让长者、客人先知"的原则。即先把身份低的、年纪轻的介绍给身份高的、年纪大的；先将主人介绍给客人；先将男士介绍给女士。

介绍时，应简洁清楚，不能含糊其词。可简要地介绍双方的职业、籍贯等情况，便于不相识的两人相互交谈。介绍某人时，不可用手指指点对方，应有礼貌地以手掌示意。

2. 被人介绍

被人介绍时，应面对对方，显示出想结识对方的诚意。等介绍完毕后，可以握一握手并说"你好！""幸会！""久仰！"等客气话表示友好。

男士被介绍给女士时，男士应主动点头并稍稍欠身，等候女士的反应。按一般规矩，男士不用先伸手，如果女士伸出手来，男士便应立即伸手握住轻轻点头。

3. 自我介绍

可一边伸手跟对方握手，一边做自我介绍，也可主动打招呼说声"你好！"来引起对方的注意，眼睛要注视对方，得到回应后，再向对方报出自己的姓名、身份、单位及其他有关情况，语调要热情友好，态度要谦恭有礼。自我介绍有四个要点需要注意：

（1）最好是先递名片再介绍。交换名片时有个时机的问题，一见面就把名片递过去，再重复一下自己的名字。

（2）自我介绍时间要简短，越短越好。一般自我介绍在半分钟以内就可以。

（3）内容要全面。自我介绍一般包括四个内容：单位、部门、职务、姓名。要训练有素，一气呵成。

（4）倘若单位和部门头衔较长的话，第一次介绍的时候使用全称，后面才可以改简称。所以在国际交往中，用字母来做简称，或者以中文来做简称，一定要注意先讲全称，再讲简称，否则容易南辕北辙。

4. 引见介绍

对来办公室与领导会面的客人，通常由办公室的工作人员引见、介绍。在引导客人去领导办公室的途中，工作人员要走在客人左前方数步远的位置，忌把背影留给客人。在进领导办公室之前，要先轻轻叩门，得到允许后方可进入。进入房间后，应先向领导点头致意，再把客人介绍给领导。如果有几位客人同时来访，要按照职务的高低依次介绍。介绍完毕走出房间时应自然、大方，保持较好的行姿，出门后回身轻轻把门带好。

（三）握手礼仪

握手是沟通思想、交流感情、增进友谊的一种方式。握手时应注意不能用湿手或脏手。与他人握手时，目光应注视对方，微笑致意，不可心不在焉、左顾右盼。在正常情况下，握手的时间不宜超过3秒，必须站立握手，以示对他人的尊重、礼貌。握手的标准方式是行至距对方1米处，双腿立正，上身略向前倾，伸出右手，四指并拢，拇指张开与对方相握，握手时用力适度，上下稍晃动三四次，随即松开，恢复原状。与人握手，神态要专注、热情、友好、自然，面含笑容，目视对方双眼，同时向对方问候。握手的禁忌是：一般不要在握手时戴手套或墨镜，女士在某些社交场合，可以戴薄纱手套与人握手。握手时，另一只手不能放在口袋里。握手时也不宜发长篇大论，点头哈腰，过分客套，这会让对方感到不自在。不交叉握手，不摇晃或推拉，不坐着与人握手。

握手也讲究一定的顺序：一般讲究"尊者决定"，即待女士、长辈、已婚者、职位高者伸出手来之后，男士、晚辈、未婚者、职位低者方可伸出手去呼应。若一个人要与许多人握手，那么顺序应是：先长辈后晚辈，先主人后客人，先上级后下级，先女士后男士。握手时要用右手，目视对方，表示尊重。男士同女士握手时，一般只轻握对方的手指部分，不宜握得太紧太久。右手握住后，左手又搭在其手上，是我国常用的礼节，表示更为亲切，更加尊重对方。

握手引发的尴尬

郑瑞是某单位的经理，有一天，他被邀请参加一场晚宴，此次晚宴规模巨大，聚集了众多职场上的成功人士。在宴会上，郑瑞被朋友介绍给一位曹女士。为了表示自己的友好，他先把手伸出去了，可是那位曹女士居然没有反应，还在与一旁的朋友说说笑笑。郑瑞觉得非常的尴尬，觉得手不能再缩回去了，撑了20多秒，那位女士还是不配合，后来他一着急说："蚊子！"转手去打莫须有的蚊子。这种场面让周围的人都不禁捏了把冷汗。郑瑞也是满脸通红地离开了。

像郑瑞这样的情形在职场并不少见，原因是不懂握手顺序，男士与女士握手，应遵循"女士优先"原则，应由女士首先伸出手来。如果郑瑞了解握手礼仪，就不会引发这样的尴尬。

（四）致意礼仪

致意是一种不出声的问候礼节，它表示问候之意，通常用于相识的人之间在各种场合打招呼，是随着现代生活节奏加快而流行的一种日常人际交往中使用频率最高的一种礼节。

1. 致意的原则

致意的基本原则是应先向尊者表示致意。即男士应先向女士致意，年轻者应先向年长者致意，学生应先向老师致意，下级应先向上级致意。

2. 致意的方式

致意的方式是多种多样的，常用的有以下几种：

（1）举手致意。

举手致意，一般不必出声，只将右臂伸直，掌心朝向对方，轻轻摆一下手即可，不要反复摇动。举手致意，适于向较远距离的熟人打招呼。

（2）点头致意。

点头致意，适于不宜交谈的场所，如在会议、会谈进行中，与相识者在同一场合见面或与仅有一面之交者在社交场合重逢，都可以点头为礼。点头致意的方法是头微微向下一动，幅度不大。

（3）欠身致意。

欠身致意，即全身或身体的上部微微向前一躬，这种致意方式是表示对他人的恭敬，其适用的范围较广。

（4）脱帽致意。

与朋友、熟人见面时，若戴着有檐的帽子，则以脱帽致意最为适宜。即微微欠身，用距对方稍远的一只手脱帽子，将其置于大约与肩平行的位置，同时与对方交换目光。

致意时要注意文雅，一般不要在致意的同时向对方高声叫喊，以免妨碍他人。致意的动作也不可以马虎，或满不在乎，而必须是认认真真的，以充分显示对对方的尊重。

（五）名片礼仪

1. 名片的使用

在国际交往中，没有名片的人，被视为没有社会地位的人。一个不随身携带名片的人，是个不懂得尊重别人的人。名片不仅要有，而且要带着。在外国的公司，员工的名片放在什么地方都有讲究，一般放在专用名片包里，或放在西装上衣口袋里，不能乱放。

名片在制作上，讲三个"不"。第一个"不"：名片不随意涂改。在国际交往中，名片犹如脸面，脸面是不能改的。第二个"不"：不提供私宅电话。涉外礼仪讲究保护个人隐私。第三个"不"：名片上不出现两个以上的头衔。倘若一个名片上给的头衔越多，有三心二意、用心不专、蒙人之嫌。所以很多外国人，他身上会有好几种名片，对不同的交往对象，使用不同的名片。

2. 名片的内容与分类

名片的基本内容一般有姓名、工作单位、职务、职称、通信地址等，也可以把爱好、特长等情况写在上面。选择哪些内容，由需要而定，但无论繁、简，都要求信息新颖，形象定位独树一帜。一般情况下，名片可分两类：

（1）交际类名片。除基本内容之外，还可以印上组织的徽标，还可在中文下面用英文写，或在背面用英文写，便于与外国人交往。

（2）公关类名片。公关类名片可在正面介绍自己，在背面介绍组织或宣传经营范围，公关类的名片有广告效应，以使组织获得更大的社会效益和经济效益。

3. 名片的设计

名片的语言一般简明清晰、实事求是，传递个人的基本情况，从而达到彼此交流信息的目的。在现实生活中，我们可以看到有些名片语言幽默、新颖，别具一格。如：

（1）"您忠实的朋友——×××"，然后是联系地址、邮编、电话，名片上没有任何官衔，语言简洁，亲切诚实。

（2）另有："家中称老大，社会算老九，身高一七八，自幼好旅游，敬业精神在，虽贫亦富有，好结四方友，以诚来相求。"

（3）著名剧作家沙叶新的名片有一幅自己的漫画像，自我介绍的文字很幽默、有趣，使人对其了解更加深刻："我，沙叶新，上海人民剧作家——暂时的；上海人民艺术剧院剧作家——永久的；××委员、××理事、××顾问、××教授——都是挂名的。"

在设计上，除了文字外，还可借助有特色或象征性的图画符号等非语言信息辅助传情，增强名片的表现力，但不能有烦琐的装饰，以免喧宾夺主。

4. 名片的放置

一般说来，要把自己的名片放于容易拿出的地方，不要将它与杂物混在一起，以免要用时手忙脚乱，甚至拿不出来；若穿西装，宜将名片置于左上方口袋；若有手提包，可放于包内伸手可得的部位。不要把名片放在皮夹内、工作证内，甚至裤袋内，这是一种很失礼的行为。另外，不要把别人的名片与自己的名片放在一起，否则，一旦慌乱中误将他人的名片当作自己的名片送给对方，这是非常糟糕的。

5. 出示名片的礼节

（1）出示名片的顺序：名片的递送先后虽说没有太严格的礼仪讲究，但是，也是有一定的顺序的。一般是地位低的人先向地位高的人递名片，男性先向女性递名片。当对方不止一人时，应先将名片递给职务较高或年龄较大者；或者由近至远处递，依次进行，切勿跳跃式地进行，以免对方误认为有厚此薄彼之感。

（2）出示名片的礼节：向对方递送名片时，应面带微笑，稍欠身，注视对方，将名片正对着对方，用双手的拇指和食指分别持握名片上端的两角送给对方，如果是坐着的，应当起立或欠身递送，递送时可以说一些"我是××，这是我的名片，请笑纳""我的名片，请你收下""这是我的名片，请多关照"之类的客气话。在递名片时，切忌目光游移或漫不经心。出示名片还应把握好时机。当初次见面，在自我介绍或别人为你介绍时可出示名片；当双方谈得较融洽，表示愿意建立联系时就应出示名片；当双方告辞时，可顺手取出自己的名片递给对方，以示愿结识对方并希望能再次相见，这样可加深对方对你的印象。

6. 接受名片的礼节

接受他人递过来的名片时，应尽快起身或欠身，面带微笑，用双手的拇指和食指接住名片的下方两角，态度也要毕恭毕敬，使对方感到你对名片很感兴趣，接到名片时要认真地看一下，可以说："谢谢！""能得到您的名片，真是十分荣幸！"等等，然后郑重地放入自己的口袋、名片夹或其他稳妥的地方。切忌接过对方的名片一眼不看就随手放在一边，也不要在手中随意玩弄，不要随便拎在手上，不要拿在手中搓来搓去，否则会伤害对方的自尊，影响彼此的交往。

7. 名片交换的注意点

（1）与西方、中东、印度等地的外国人交换名片只用右手就可以了，与日本人交换名片要用双手。

（2）当对方递给你名片之后，如果自己没有名片或没带名片，应当首先对对方表示歉意，再如实说明理由。如："很抱歉，我没有名片。""对不起，今天我带的名片用完了，过几天我会亲自寄一张给您的。"

（3）向他人索要名片最好不要直来直去，可委婉索要。比较恰到好处的交换名片的方法大概有这么几个：

交易法。"将欲取之，必先予之"。比如你想要张先生名片，你先把名片递给他："张先生，这是我的名片。"当然，在社会交往中，会有一些地位落差，有的人地位身份高，你把名片递给他，他跟你说声"谢谢"，然后就没下文了。这种情况是存在的，你要担心出现这种情况的话，也就是当地位跟对方有较大落差时，不妨采用以下方法：

激将法。"尊敬的王董事长，很高兴认识您，不知道能不能有幸跟您交换一下名片？"如果对方还是不给，那么可以采取下一种方法。

联络法。"史玛尔小姐我认识你非常高兴，以后到德国来希望还能够见到你，不知道以后怎么跟你联系比较方便?"她一般会给,如果她不给,其深刻含义就是她不会再跟你联系。

8. 接受名片的注意事项

(1) 回敬对方。"来而不往非礼也",拿到人家的名片时一定要回送。在国际交往中,比较正规的场合,即便没有也不要说出来,而是采用委婉的表达方式:"不好意思名片用完了""抱歉今天没有带"。

(2) 接过名片一定要看,这是对别人的尊重、待人友善的表现。接过名片一定要看,通读一遍,这个是最重要的。为什么要看?因为如果你把人家的名字和姓氏搞错了,就显得很不礼貌了。

名片的失误

某公司新建的办公大楼需要添置一系列的办公家具,价值数百万元。公司的总经理已做了决定,向A公司购买这批办公家具。这天,A公司的销售部负责人打电话来,要上门拜访这位总经理。总经理打算等对方来了,就在订单上盖章,定下这笔生意。

不料对方比预定的时间提前了两个小时,原来对方听说这家公司的员工宿舍也要在近期内落成,希望员工宿舍需要的家具也能向A公司购买。为了谈这件事,销售负责人还带来了一大堆的资料,摆满了台面。总经理没料到对方会提前到访,刚好手边又有事,便请秘书让对方等一会儿。这位销售员等了不到半小时,就开始不耐烦了,一边收拾起资料一边说:"我还是改天再来拜访吧。"这时,总经理发现对方在收拾资料准备离去时,将自己刚才递上的名片不小心掉在了地上,对方却没有发觉,走时还无意间从名片上踩了过去。看来只是个不小心的失误,却令总经理改变了初衷,A公司不仅没有机会与对方商谈员工宿舍的家具购买,连几乎到手的数百万元办公家具的生意也告吹了。

A公司销售部负责人的失误,看似很小,其实是巨大而不可原谅的。名片在商业交际中是一个人的化身,是名片主人"自我的延伸"。弄丢了对方的名片已经是对他人的不尊重,更何况还踩上一脚,顿时让这位总经理产生反感,A公司丢失了这笔生意也就不是偶然的了。

二、位次礼仪

位次,实际是排序问题。位次,体现了尊卑、高低、长幼,是对人的尊重的表现形式。

(一) 宴会位次

1. 排序原则

以远为上,面门为上,以右为上,以中为上,观景为上,靠墙为上。

2. 座次分布

面门居中位置为主位;主左宾右分两侧而坐;或主宾双方交错而坐;越近首席,位次越高;同等距离,右高左低。

（二）会议位次

以右为上（遵循国际惯例）；
居中为上（中央高于两侧）；
前排为上（适用所有场合）；
以远为上（远离房门为上）；
面门为上（良好视野为上）。

首先是前高后低，其次是中央高于两侧，最后是左高右低（中国政府惯例）和右高左低（国际惯例）。主席台座次说明：以左为尊，即左为上，右为下（中国惯例）。

当领导同志人数为奇数时，1号首长居中，2号首长排在1号首长左边，3号首长排右边，其他依次排列。从台下的角度看，是9、7、5、3、1、2、4、6、8的顺序；从主席台上的角度看，是8、6、4、2、1、3、5、7、9的顺序。

当领导同志人数为偶数时，有些人会搞错，网上的说法也有很多是不正确的。具体应该是：1号首长、2号首长同时居中，2号首长排在1号首长左边，3号首长排右边，其他依次排列。从台下的角度看，是7、5、3、1、2、4、6、8的顺序；从主席台上的角度看，是8、6、4、2、1、3、5、7的顺序。

（三）乘车位次

按照国际惯例，乘坐轿车的座次安排的常规是：右高左低，后高前低。具体而言，轿车座次的尊卑自高而低是：后排右位—后排左位—前排右位—前排左位。另外有几种特殊情况：一是主人或熟识的朋友亲自驾驶汽车时，你坐到后面位置等于向主人宣布你在打的，非常不礼貌。这种情况下，副驾位置为上座。二是接送高级官员、将领、明星或其他知名公众人物时，主要考虑乘坐者的安全性和隐私性，司机后方位置为汽车的上座，通常也被称作VIP位置。

（四）行进时的位次

在行进过程中，排列的次序一般来说，有以下几种场合：

1. 平面行进

在平面行进过程中，又可以分为三种情况：
（1）两人并排行进时，内侧高于外侧。
（2）多人并排行进时，按照高低的顺序依次是：中央、内侧、外侧。
（3）两人前后行进时，前方高于后方。

2. 上下楼梯

无论是上楼梯还是下楼梯，位次顺序是：内侧高于外侧，中央高于两侧，前者高于后者。具体说来，还可以分为三种情况：

（1）横向行进时，陪同人员应该把内侧（靠墙一侧）让给客人，把方便留给客人。

（2）纵向行进时，以前方为上，把选择前进方向的权利让给对方。当客人不认识路时，陪同人员应在客人左前方1～1.5米处进行引导。

（3）男女同行时，一般女士走在前方。如果与着裙装（特别是短裙）的女士同行，上下楼时应该女士居后。

3. 上下电梯

上下电梯时的礼仪主要分为出入电梯的次序和在电梯内站立的次序两种情况。

（1）出入电梯的次序。

①出入有人控制的电梯。

出入有人控制的电梯时，陪同者应后进后出，让客人先进先出。把选择方向的权利让给地位高的人或客人。如果客人初次光临，还不认识路，应该为其指引方向。

②出入无人控制的电梯。

出入无人控制的电梯时，陪同人员应先行进入电梯，一手按"开门按钮"，一手拦住电梯侧门，礼貌地说："请进。"请客人或地位高的人进入电梯。

如果电梯里人很多，自己的位置不方便按电梯钮，可以对靠近电梯门的人说："能否请您帮我按下某层的按钮？"别人帮你按了之后，你应该面带笑容地说"非常感谢"。

当到达客人或地位高的人所要求的楼层时，陪同人员一手按住"开门"按钮，另一只手做出"请"的动作，可说："××层到了，您先请！"待客人走出电梯后，自己立刻步出电梯，并热诚地为其引导行进的方向。

（2）电梯内的站立次序。

在电梯轿厢内，陪同人员应靠边侧站立，面对或斜对客人。中途有其他客人乘梯时，陪同人员应礼貌问候。在日本，电梯内的位置有"上下座"之分。"上座"是在电梯按钮一侧最靠后的位置；其次是这个位置的旁边；再次是这个位置的斜前方；最差的"下座"就是挨着操作盘的位置，因为这个人要按楼层的按钮，相当于"司机"。

（3）出入房间。

①当门是向内开时，打开后，自己先行入内，然后一只手按着门把手，轻轻点头示意访客进入，这时引导的人可以站在门后阴影处，或者露出全身都无妨，基本上以露出半身较为合宜。

②若门是向外开式，打开门后同样单手按住门把手，先稍微行个礼再请访客入内，就好像将访客送进去般的姿势，然后自己再进去，背对门将门带上，引导来客入座。

③有特殊情况时，如双方均为首次到一个陌生房间，陪同人员宜先入房门。

（4）进出宾馆。

①如果没有特殊原因，出入房间时应该是位高者先进或先出。

②如果有特殊情况，比如需要引导，室内灯光昏暗，男士和女士两个人单独出入房间，这时标准的做法应该是陪同接待人员先进去，为客人开灯、开门，出去的时候也是陪同接待

人员先出去,为客人拉门引导。

(5) 行进中的一些禁忌。

①忌行走时与他人距离过近,避免与对方发生身体碰撞。万一发生,务必要及时向对方道歉。

②忌行走时尾随于他人身后,甚至对其窥视、围观或指指点点。在不少国家,此举会被视为"侵犯人权"。

③忌行走时速度过快或者过慢,以免妨碍周围人的行进。

④忌一边行走一边连吃带喝,或是吸烟不止。那样不仅不雅观,而且还会有碍于他人。

⑤忌与已成年的同性在行走时勾肩搭背、搂搂抱抱。在西方国家,只有同性恋者才会这么做。

三、往来礼仪

(一) 接待礼仪

接待上级来访要周到细致,对领导交代的工作要认真听、记。领导前来了解情况,要如实回答。如领导是来慰问,要表示诚挚的谢意。领导告辞时,要起身相送,互道"再见"。接待下级或群众来访要亲切热情,除遵照一般来客礼节接待外,对反映的问题要认真听取,一时解答不了的要客气地进行解释。来访结束时,要起身相送。

(二) 拜访礼仪

在职业交往过程中,相互拜访是经常的事,如果懂得拜访礼仪,无疑会为拜访活动增添色彩,有助于你的商务工作顺利进行。

1. 拜访前的准备

商务拜访前需要做好充分准备,明确拜访目的,对此次拜访要解决的问题应做到心中有数。例如,你需要对方为你解决什么问题,你对对方提出什么要求,最终你要得到什么样的结果等,这些问题的相关资料都要准备好,以防万一。

一般性拜访,时间不宜太长,也不宜太匆忙。一般以半小时到一小时为宜。若是公务性拜访,则可视需要决定时间的长短。客人提出告辞的时间,最好是与主人的一个交谈高潮之后,要掌握好告辞的最佳时机。告辞时应对主人及家人的款待表示感谢。如果主人家有长辈,应向长辈告辞。

拜访应选择适当的时间,如果双方有约,应准时赴约。万一因故迟到或取消访问,应立即通知对方。

2. 预约

拜访之前必须预约,这是最基本的礼仪。一般情况下,应提前三天给拜访者打电话,简单说明拜访的原因和目的,确定拜访时间,经过对方同意以后才能前往。到达拜访地点后,如果与接待者是第一次见面,应主动递上名片,或做自我介绍。对熟人可握手问候。

3. 先通报后进入

到达约会地点后，如果没有直接见到被拜访对象，拜访者不得擅自闯入，必须经过通报后再进入房间。一般情况下，前往大型企业拜访，首先要向负责接待的人员交代自己的基本情况，待对方安排好以后，再与被拜访者见面。当然，生活中不免存在这样的情况，被拜访者身处某一宾馆，如果拜访者已经抵达宾馆，切勿鲁莽直奔被拜访者所在房间，而应该由宾馆前台服务员打电话通知被拜访者，经同意以后再进入。

4. 开门见山，切忌啰唆

谈话切忌啰唆，简单的寒暄是必要的，但时间不宜过长。因为被拜访者可能有很多重要的工作等待处理，没有很多时间接见来访者，这就要求谈话要开门见山，简单的寒暄后直接进入正题。

5. 把握拜访时间

在拜访过程中，时间不宜拖得太长，否则会影响对方其他工作的安排。如果双方在拜访前已经设定了拜访时间，则必须把握好已设定的时间，如果没有对时间问题做具体要求，那么就要在最短的时间里讲清所有问题，然后起身离开，以免耽误被拜访者处理其他事务。如果接待者因故不能马上接待，应安静地等候，有抽烟习惯的人，要注意观察该场所是否有禁止吸烟的警示。如果等待时间过久，可向有关人员说明，并另定时间，不要显现出不耐烦的表情。

6. 注意聆听

与接待者的意见相左，不要争论不休。对接待者提供的帮助要致以谢意，但不要过分。对方发表自己的意见时，打断对方讲话是不礼貌的行为。应该仔细倾听，将不清楚的问题记录下来，待对方讲完以后再请他对自己不清楚的问题给予解释。如果双方意见产生分歧，一定不能急躁，要时刻保持沉着冷静，避免破坏拜访气氛，影响拜访效果。要注意观察接待者的举止和表情，适可而止，当接待者有不耐烦或有为难的表现时，应转换话题或口气，当接待者有结束会见的表示时，应立即起身告辞。

7. 拜访结束

拜访结束时，如果谈话时间过长，要向主人表示歉意。出门后，回身主动与主人握别，说"请留步"。待主人留步后，走几步再回首挥手致意。

（三）馈赠礼仪

赠送礼品也是国际上通行的社交活动形式之一，是向对方表达心意的物质表现。在外事活动中，为了向宾客表示恭贺、感谢或慰问，常常需要赠送礼物，以增进友谊与合作。馈赠是人们在社交过程中通过赠送给交往对象一些礼物来表达对对方的尊重、敬意、友谊、纪念、祝贺、感谢、慰问、哀悼等情感与意愿的一种交际行为。

馈赠的目的在于沟通感情和保持联系，所以它不仅是一种行为方式，更为重要的是通过这种方式体现馈赠者的人品和诚意。

"千里送鹅毛，礼轻情意重"。礼品的贵贱轻重，往往是衡量交往人的诚意和情感浓烈程度的重要标志。然而礼品的贵贱轻重与其物质的价值含量并不总成正比。因为礼品是言情寄意表礼的，它仅仅是人们情感的寄托物，人情无价而物有价，有价的物只能寓情于其身，而无法等同于情。也就是说，就礼品的价值含量而言，礼品既有其物质的价值含量，也有其精神的价值含量。"千里送鹅毛"的故事，在中国妇孺皆知，被标榜为礼轻情意重的楷模和学习典范。

1. 赠送礼仪

（1）礼品的选择。

其一是根据馈赠目的选择礼品。

送礼在本质上应被视为向他人表示友好、尊重与亲切之意的途径或方式。只有本着这一目的，才能正确地选择适当礼品，才能准确表达自己的情意，才能使所赠礼品发挥正常功效。公司庆典一般送上一篮鲜花，慰问病人可以送鲜花、营养品、书刊等，朋友生日可以送贺卡、蛋糕等，庆祝节日可以送健康食品、当地特产，旅游归来可以送旅游地的纪念品及土特产，走亲访友一般送水果、茶酒等。

其二是根据馈赠对象选择礼品。

①考虑彼此的关系现状。在选择礼品时，必须考虑到自己与受赠对象之间的关系现状，不同的关系应当选择不同的礼品。根据与馈赠对象的亲缘关系、地缘关系、业缘关系、性别关系、友谊关系、文化习惯关系、偶发性关系等的不同，在选择礼品时也要有所不同，区别对待。

例如，玫瑰是爱情的象征，是送给女友或夫人的佳礼，但若把它随便送给一位普通关系的异性朋友，就可能引起不必要的误会。

②了解受赠对象的爱好和需求。根据受赠对象的爱好和实际需求来选择礼品，往往可以增加礼品的实效性，能增强受礼者对送礼者的好感和信任。因为在受赠对象看来，只有了解和关心他的人，才会明白他的需求。正如"鲜花赠美人，宝剑赠英雄"，可以使礼品获得增值效应。例如可以给取得佳绩的学生赠送有益的书籍，给书法爱好者赠送文房四宝，给音乐爱好者赠送乐器等。

③尊重对方的禁忌。在礼品的选择过程中，应细致了解受赠对象的禁忌。一般而言，选择礼品不应忽视的禁忌有四类：一是个人禁忌。送情侣表给一位刚刚守寡的妇女，送一条烟给一位从不吸烟的长者，都会触犯对方的私人禁忌。二是民俗禁忌。如俄罗斯人最忌讳送钱给别人，因为这意味着施舍和侮辱，汉族人忌送钟、伞，因为这意味着不吉利。三是宗教禁忌。如对伊斯兰教徒不能送人形礼物，也不能送酒、雕塑和女人的画片，因为他们认为酒是一切万恶之源。四是伦理禁忌。如各国均规定不得将现金和有价证券送给并无私交的公务人员。

（2）礼品的包装。

正式的礼品都应精心包装。良好的包装将使礼品显得更加精致、郑重、典雅，给受赠者留下美好的印象。在赠送礼品给外国友人时，尤其应当注意这一点。

礼品包装时应注意包装的材料、容器、图案造型、商标、文字、色彩的选择和使用要符合相关政策法规和习俗惯例，不要触及或违反受赠方的宗教和民族禁忌。像有的国家数字上的禁忌也是礼品包装所要注意的问题。如日本忌讳"4"和"9"这两个数字，因此，出口日本的产品，就不能以"4"为包装单位，像4个杯子一套，4瓶酒一箱这类包装，在日本都不受欢迎；欧美人忌讳"13"。

礼品包装时，应根据世界各国的生活习俗，选择适宜的色彩。日本人忌绿色喜红色，美国人喜欢鲜明的色彩，忌用紫色；伊斯兰教徒特别讨厌黄色，因为它象征死亡，喜欢绿色，认为它能祛病除邪。

（3）赠送的时机。

赠送礼品必须选择恰当的时机。时机上应注意把握四点：

一是选择最佳时机。如亲友结婚、生子，交往对象乔迁、晋级、遭受挫折、生病住院等，都是送礼的时机。二是选择具体时间。一般来说，客人应在见面之初向主人送上礼品；主人应当在客人离去之时回送礼品给对方。另外，送礼还应考虑在对方方便之时，或选取某个特定时间。三是控制好送礼时间。送礼时间不宜长，只要向对方说明送礼的意图即可，不必过分渲染。四是注意时间忌讳。不必每逢良机便送礼，致使礼多成灾。尽量不要选择对方不方便的时候送礼，比如对方刚刚做完手术尚未痊愈之时就不宜立即送礼。

（4）赠送的地点。

送礼时应注意区分公务场合与私人场合。在公务交往中，一般应选择工作场所或交往地点赠送礼品；而在私人交往中，则宜于私下赠送，受赠对象的家中通常是最佳地点。

（5）赠送的方法。

一是说明意图。应在适当的时机和场合赠送礼品，送礼前应先向对方致意问候，简要委婉地说明送礼的意图，如"祝你工作顺利""感谢你上次的帮助"等。二是介绍礼品。赠送礼品时，送礼者应对礼品的寓意、使用方法、特色等做简单说明。邮寄赠送或托人赠送时，应附上一封礼笺，用规范、礼貌的语句说明送礼缘由。三是仪态大方。在面交礼品时，送礼者应着装规范，起身站立，面带微笑，目视对方，双手递交。将礼品交给对方后，与对方热情握手。

2. 受赠礼仪

（1）心态开放。

接受礼品时，受赠者应保持客观、积极、开放、乐观的心态，要充分认识到对方赠礼行为的郑重和友善。

（2）仪态大方。

受赠者应落落大方，起身相迎，面带微笑，目视对方，耐心倾听，双手接受。受礼后与对方热情握手，不可畏畏缩缩、故作推辞或表情冷漠、不屑一顾。

（3）受礼有方。

按照国际惯例，受礼后一定要当面拆启包装，仔细欣赏，面带微笑，适当赞赏，切不可草率打开，丢置一旁，不理不睬。中国人比较含蓄，不习惯当面打开，所以与国人交往时也可遵守这一传统习惯。另外，不是有礼必受，对于有违规越矩之嫌的礼品，应果断或委婉拒绝。

(4) 表示谢意。

接受礼品时，应充分表达谢意。表达时应让对方觉得真诚、友好，若是贵重礼品，往往还需要用打电话、发电子邮件等方式再次表达谢意，必要时还应选择适当的时机还礼。

第四节 办公室礼仪

办公室礼仪是处理办公室人际关系的行为规范。建设一个文明健康、温馨优雅的办公室环境，不仅关系到个人的形象，而且直接影响着本单位的声誉。因此，凡是成功的社会组织都非常重视办公室礼仪建设。

一、办公环境礼仪

办公环境的布置是一种无声的语言，向来访者传递着信息，体现着单位的风格和精神面貌。随着现代化进程的加快，人们的办公硬件水平逐渐提高，因而对办公环境的要求也越来越高。整洁、宽敞、明亮、舒适是最基本的要求。

好的办公环境，不仅对工作人员的心理情绪、言谈举止、待人接物的礼仪产生好的影响，而且对提高员工的工作效率起着积极的作用。办公室环境礼仪主要注意以下几点：

1. 物理环境的基本要求

一是要做到办公室整体效果的和谐美观，尽可能地使办公室的空间显得宽敞，桌椅及其他办公设备摆放要井然有序。采光要合理，无论是自然采光还是人工采光，都应做到光源充足、光线柔和、光色和谐；如果光线不足，可以用人工采光来调节，所选择的灯具造型及光色要与整个办公环境相协调。办公室的通风要好，给人以清爽的感觉。二是应适当布置一点绿色植物，让人在工作之余抬眼望去顿觉心旷神怡，又可让来客一走进办公室就感到一股春意和朝气。办公室墙面要保持洁净，不要乱贴乱挂。员工的衣帽不要乱放乱挂，应统一挂在更衣室内。常用工具要放于隐蔽处。从视觉上要给人以宽敞、清爽之感。

2. 办公桌环境的基本要求

办公桌是个人办公的具体场所。办公桌使用的基本原则，一是便于开展公务，二是要兼顾整个办公室的协调，三是可以体现个人的特点。桌面的物品要各就其位，远台正中摆放台历或水杯、电话等；远台右侧摆放文件筐（盒）、等待处理的文件资料；近台正中摆放需要马上处理的业务文件，近台右侧摆放急需查阅的资料；办公桌左侧摆放计算机显示器，近台正中下方为抽拉式键盘和鼠标。

在休息前应做好下一项工作的准备；离开座位时，应将文件覆盖起来；用餐前应将正在处理的文件暂时移开。下班后，桌面上只摆放计算机显示器，而文件、资料应该收放在抽屉或文件柜中。从办公桌上的物品摆放形态可以看出一个人的工作作风，桌面上井然有序的人，工作起来也是干净、爽快、高效。

二、办公室公务礼仪

办公室是工作的场所，良好的礼仪规范，可以为工作人员营造一个温馨、和谐、安静的工作氛围，也便于工作人员准确、及时、快捷、高效地开展工作。归纳起来，办公室公务礼仪主要包括处理公务的礼仪、人际关系礼仪、使用办公设备的礼仪。

（一）处理公务的礼仪

工作人员每天都需要处理大量烦琐的公务，容易急躁，引发冲突。因此，遵守礼仪尤为重要。每天上班，都要保持乐观心情；要准时上下班，及时处理公务；工作时要精力集中，耐心细致，保质保量地完成每一项工作；热情接待每一位来访者；主动与同事打招呼；愉快地接受领导交给的每一项任务，做好记录，认真办理，及时汇报；遇事要请示，处理要果断，事后要汇报；不该知道的事不要过问，不该传播的事情要严守机密；做好本职工作，不随便过问或插手别人的事情；遇事找直接领导，不要越级去找领导；工作期间有事离开办公室，要向领导请假，或与同室人员打招呼；在办公室不办私事，不干私活；不要串岗；不要私自动用他人物品；不在背后议论他人；不要在办公室会客、聊天；最后一个离开办公室时，要切断电源，关好窗、锁好门。

（二）办公室人际关系礼仪

办公室不仅需要优美的环境，更需要和谐的人文氛围。借助人际关系礼仪，能够给办公室营造一种轻松、融洽、和谐的气氛。

1. 内部关系礼仪

单位内部人员每天都要见面，相互协调处理公务，因此，良好的内部人际关系，有助于减少内耗，提高工作效率。内部关系礼仪是指与领导、下级、友邻科室人员相处的办公室礼仪。处理好内部关系，主要是：秉公办事，坚持原则；认真负责，讲究效率；公道正派，不徇私情；把对上负责与对下负责统一起来。

（1）处理好与领导的关系。处理好与领导的关系，具体包括：服从命令、听从指挥；愉快接受领导布置的任务，详细记录、认真办理、及时汇报；维护领导的威信，主动配合领导工作；不顶撞领导，不在背后议论领导的是非；不要在几个领导之间有意无意地形成亲疏关系；领导进入办公室要起立迎接，微笑问好，主动接受领导检查或布置任务；进入领导办公室要敲门，得到许可才能进入，开、关门要轻，不能发出响声，离开领导办公室要随手将门关好；遇事要及时向领导汇报、请示，依令妥善处理，不可自作主张或"假传圣旨"；请示工作不要多头，处理正常公务不得擅自越位，以免造成不必要的麻烦和纠纷，即使遇到紧急事务越级上报或越级接受指示，也要在事后及时向直接领导说明情况。

（2）处理好与同事的关系。具体包括：相互尊重，友善待人，不对同事盛气凌人、指手画脚；相互支持，相互体谅，相互提供方便，相互关心；尊重同事，不干涉个人私事；真诚、平等相待，一视同仁，不搞宗派，不伤害、打击他人；有事需要同事帮忙要礼貌为先，事后一定说声"谢谢"；上班进门要相互问好，下班离开要互道"再见"；分清办公室公共区域和个人空间，不占用公共区域以免给同事造成麻烦；保持工位整洁、美观大方，避免陈列过多的私人物品；在办公室内谈话要控制音量，尽量不影响他人办公；不在办公室抽烟、吃零食、刮胡子、梳妆打扮；不在办公室进行娱乐活动；服饰要符合办公礼仪要求，不穿背心、短裤、拖鞋进办公室；尽量避免在办公室用餐，迫不得已在办公室用餐，也要快速进行，用毕要立即清除桌面剩余食物，打开窗户进行通风；与异性同事相处要讲究分寸，避免造成误解和麻烦等。

（3）处理好与友邻科室的关系。具体包括：友邻科室人员来，要热情招待；与友邻科室协办的公务，要依据相关规定积极办理，一时办不了的公务，也要尽快办理，及时给予答复；进入友邻科室要敲门，得到许可方可入内，开门要轻，进门要问好，离开时要随手带上门；到其他科室要以处理公务为主，不在其他科室闲谈；在上级领导协调下与友邻科室共同处理公务时，一定要摆正自己的地位，不可对其他科室的人员指手画脚、发号施令；不干涉其他科室的公务，不指责其他科室的工作；有事需要与其他科室协调时，最好由本科室的负责人出面联系，或由上级领导组织协调；与其他科室协办公务，要有耐心，不能强人所难；在与其他科室共同处理公务时，所得利益和好处不能独占，要依据付出和贡献的大小分配利益，或由上级领导指定分配比例等。

（4）处理好与下级的关系。具体包括：尊重下级，体谅下级，照顾下级；下级进入办公室要让座，并细心听取下级的意见、建议，经常对下级的努力给予鼓励；下级请示的问题，要及时给予答复；要认真研究下级反映的情况，合理的要给予肯定，不合理的要讲明道理。要真正克服"门难进，脸难看，事难办"的作风。

布置任务要严肃，检查工作要认真，总结工作要实际；成绩面前要尽量照顾下级，责任面前要勇于承担；要有意识地与下级进行交流和沟通，并诚恳地接受下级的批评；与下级相处要和蔼，避免盛气凌人；讲评工作要对事，批评下级要服人；要注重培养下级，开发下级的潜力等。

2. 外部关系礼仪

由于工作需要，难免有接待外来人员的要求。在接待外来人员时，注重接待礼仪，不仅体现了个人的综合素质，而且关系单位的形象。外部关系礼仪是指接待来访者应注意的礼仪。

（1）热情接待。在办公室接待来访者要热情、大方，听到敲门声，要马上请人进来；不管来访者是何人，都要起身迎接，热情问候、让座、敬茶；要始终保持笑脸接待来访者，有问必答；客人告辞时，要起身相送，握手道别；送出门口，互道再见。

（2）诚恳帮助。要弄清来访者的身份和目的，耐心询问来访者意图；要认真听取来访者叙述，必要时，做好记录；对来访者要求办理的事情，必须根据相关政策、规定，诚恳地进行解释、解决、答复；可以马上办理的，尽快办理、解决；不能马上办理的，要说明理由或上报请示，并确定答复日期；解释问题要耐心，切忌冷漠、简单、急躁、推诿；绝不允许愚弄、欺骗来访者。

（3）不厌其烦。有些来访者可能三番五次地造访你的办公室，或者要求解决一些不合理的事情，或者对组织解决问题的程序失去耐心；有时，甚至在办公室无故受到来访者的刁难。在这些情况下，要特别注意控制自己的情绪，保持接待热情，既可缓解紧张的气氛，又可避免事态恶化。耐心处理好每一件办公室事务，是对所有办公室人员的基本要求。

总之，办公室公务礼仪是办公室礼仪的核心，体现着组织的形象，承载着组织的声誉，影响着工作效率。

（三）使用办公设备的礼仪

随着经济发展，办公室的办公条件逐步得到改善，传真电话、计算机、打印机、复印机等办公自动化设备逐步进入办公室，提高了办公室信息化水平，也显著提高了办公室的工作效率。使用办公设备的礼仪是指使用公用的打印机、复印机、传真机、计算机、文件粉碎机等设备的礼仪。不注重公用办公设备的使用礼仪，可能会造成一些麻烦和误解，甚至降低整体工作效率。

1. 基本原则

使用公用设备的基本原则是指全体办公室人员使用、维护、保护所有公用设备的基本要求。

（1）公用设备的对象：个人办公使用的计算机、便携机（笔记本电脑）、移动硬盘（含闪盘）、电话等硬件设备及其相关软件；组织提供的、由个人保管的书籍、资料等信息载体；共同使用的传真机、打印机、复印机等硬件及其相关软件。

（2）权利与义务：组织配备的办公设备及其软件、信息载体所有权归单位；办公室人员对配给个人使用的设备有专用权和保护的义务，个人必须设置开启或使用的密码；办公室所有人员有使用公用设备的权利和维护、保护的义务；公用设备一般不允许个人长期占用，且不允许带出办公室；如有特殊情况，必须经上级领导同意，才能将公用设备带出办公室，并且要及时归还；办公设备损坏、丢失、被盗由当事人负责（或由当事人负主要责任，具有专用权的负管理责任）。

2. 使用公用设备的一般要求

办公室人员必须爱护公用设备，正确使用，才能为全体人员的工作带来便利。因此，办公室人员应遵守使用公用设备的一般要求：一是按操作程序使用，不能野蛮使用；二是不能占为私有，或设密码限制他人使用；三是使用后要及时关闭；四是遵守注意事项，不能将水杯等放于复印机等设备之上，以免造成设备损坏；五是借用物品要及时归还。

3. 具体使用公用设备的要求

具体的办公设备具有特定的功用，因此，使用时就有特殊的礼仪要求。

（1）接听电话。

电话是现代社会不可或缺的通信工具，也是办公室工作人员处理日常事务、联系业务、咨询答疑、交往会友、汇报反映情况等最常用的办公设备。在办公室接听电话时，你代表的是单位而不是个人。虽然电话是只闻其声不见其人，但是"言为心声"，对方能够通过你的语气、节奏、声调判断你的态度、诚意、素质。所以，电话礼仪对办公室工作人员有着重要的作用。

首先，听到电话铃声，应停止手头工作接听，"铃响不过三"是接电话的规矩。并且要微笑接听，让对方感到你的亲切。

其次，开头要使用礼貌用语，即开头语三段式：打招呼—自报家门—自报姓名身份。例如"您好，这里是西安房地产开发责任有限公司。"同时，每一个重要的电话都要做详细的电话记录，包括时间、对方单位、电话号码、姓名和通话内容等，为后续处理事务提供便利条件。

（2）使用计算机。

计算机是现代办公的常用设备，也是处理日常公务的基本手段。办公室一般要求个人使用的计算机必须用于处理公务，不允许在计算机上玩游戏或干私活；公用的上网计算机，只能用于查找资料、联系业务、发送电子公函等，禁止在网上聊天、下载与公务无关的图片等；无论是个人计算机，还是公用的网络计算机，都要安装杀毒软件和防火墙，并定期升级和定期查杀病毒；用计算机起草的文件，要留存打印文稿和电子文档，同时注意保密；定期清除计算机中的垃圾文件，提高计算机的工作速度。

（3）使用传真机。

传真机是办公室接收、外传公文资料的主要设备。传真机应该主要用于传接公务函件，一般不允许传接私人文件；使用传真机接收或传送函件时，一般遵循先来后到的原则，有时也可通过协商，让传送一两页的先使用，而后再传送较长的文稿；遇到传真纸用完时，应及时更换新传真纸；传真机出现故障，应及时找出原因，处理好再离开，如不懂修理，应立即请别人帮忙，不要把问题留给他人；传真机使用完毕后，要将原件带走，否则丢失原稿，或走漏信息，都会带来麻烦。

（4）使用复印机。

复印机是办公室使用频率较高的公用设备，同样需要注意使用礼仪：一是使用的先后顺序，一般遵循先来后到的原则，有时通过协商，可以先让印数较少的使用；二是不要用办公室公用的复印机复印私人的资料；三是复印机需要更换炭粉或卡纸时，要及时处理，如不会处理要马上请别人帮忙，不要悄悄走开，把问题留给他人；四是复印纸用完，要及时添加；五是使用完毕后，要带走原件，否则丢失原稿，或走漏信息，都将带来麻烦；六是使用完后，要将复印机设定在节能待机状态。

三、办公室个人礼仪

办公室是工作人员的主要工作场所，也是接待各位来访者的场所，是一个单位的窗口。从这个意义上说，办公室工作人员的服饰、言行不仅体现着个人的尊严和修养，也代表着单位的形象。因此，对办公室工作人员的个人礼仪要求就显得格外重要。除了在公务礼仪中提到的个人礼仪外，在办公室内个人礼仪还包括以下许多内容。

（一）修饰得体

工作中一般对内、对外接触较多，因此在进入办公室之前，要对自己的仪表进行修饰。

在着装上，如果单位有统一制服的，工作时应当按照规定，正确穿着制服。若没有统一服装，男士以西服为首选，女士以得体、大方的职业装为佳。无论哪种款式的服装，都应整洁、庄重、美观、合体，给人以干净、利落的感觉。切忌穿背心、拖鞋、凉鞋、旅游鞋或露脚趾（跟）的鞋进入办公室；也不要在皮鞋鞋跟上钉铁钉，以免走动时发出扰人的声响。女性更不应穿超短裙或过分"露、透、瘦"的服装；进入办公室应把帽子、大衣、手套脱掉。总之，素雅、得体的着装不仅可以建立良好的个人形象，而且可以使你备受周围人的尊重。

在修饰上，头发要经常清洗、修剪、梳理，保持卫生、美观；男士要刮净胡须，这样可以衬托出良好的精神状态和工作责任感；女士可以化淡妆，色、味要清淡，不要过浓；首饰要起到画龙点睛的作用，显示出典雅、清新、愉快、自信的神态。切忌上班前吃大蒜、生葱以及喝酒，同时注意口腔卫生，以免面对面谈话让人尴尬。

作为高层管理者，着装更应注意细节。男士在没有外人在场的时候，可将西服脱下，上身穿长袖衬衫办公；脱下的西服应整齐地挂在衣帽架上，或平整地搭在自己的坐椅背上；不要只穿衬衫外出处理公务；穿吊带裤时，最好不要在办公室脱掉外衣。

（二）举止优雅

进入办公室后，就是进入了工作状态。因此，在办公室里，工作人员的行为举止要文明、优雅、自然、大方，符合约定俗成的行为规范。优雅是要求举止规范、美观、得体，以体现自己不卑不亢；敬人是要求举止礼敬他人，以体现对他人的尊重、友好与善意。

1. 举止礼仪应有坐、立、行三种基本姿态规范

（1）坐姿。包括书写姿势，是办公中使用最多的姿势。坐姿要端正、优美、自然、放松，遵循轻坐、轻起的原则。女性落座，更应稳、轻，若是裙装，应用手先拢一下。忌两腿叉开、前仰后合、半躺半坐、双腿伸出的坐姿；不能趴在桌子上，让人感到懒洋洋的；更不能将脚放于桌上或不停地抖动，让人觉得不稳重。

（2）站姿。站姿要自然，基本要求是：要头正、身直、收腹、挺胸；双手自然下垂或于体前相搭；双脚并拢或稍息。站累了可以调节姿态，但不能把身体依靠在物体上，更不能东倒西歪。

（3）行姿。在办公室里行走的基本要求是：要轻捷、稳重、从容、坚定，步伐速度适中，给人以积极、自信的印象。切不可大步流星、慌里慌张地奔走，或鞋底蹭着地面走；也不要东张西望或左顾右盼地走；更不要低着头走。切记拐弯时应放慢脚步，以免与人相撞。

2. 见面致礼时，要及时、主动、热情

办公室内与同事第一次相见，应主动打招呼。握手要符合礼仪规范，微笑着目视对方，

注意先后顺序，不要左顾右盼，不宜太用力和时间过长；如果你的手脏或者很凉或者有水、汗，不宜与人握手，只要主动向对方说明不握手的原因就可以了。女士应主动伸手与对方握手，以表示对他人的尊重。办公室内切记不要戴手套与人握手。

此外，工作时要到吸烟室抽烟，不要叼着烟卷在办公室闲逛；为了他人健康，在办公室内不要敬烟。

（三）交谈有度

交谈作为一门艺术，也是个人礼仪的一个重要组成部分。与人交谈时，态度要诚恳、亲切，多用敬语，声音大小要适宜，语调要平和沉稳，尊重他人。好的交谈不仅是语言的流露，也是礼节的体现，得体、恰当、有效的交谈，有助于社交活动的顺利开展。

首先，要注意交谈时的面部表情和动作。

谈话的姿势往往反映出一个人的性格、修养和文明素质。所以，交谈时，双方要互相正视、互相倾听，不能东张西望、看书看报、面带倦容、哈欠连天。否则，会给人心不在焉、傲慢无礼等不礼貌的印象。在与同事或上司谈话时眼睛要注视对方，不能斜视和俯视。要学会微笑，微笑很重要。保持微笑，可以使你在大家的心中留下好的印象；也可以使你感到自信。

其次，要尽量避免不必要的身体语言。

当与别人谈话时不要双手交叉，身体晃动，一会儿倾向左边，一会儿倾向右边，或是摸摸头发、耳朵、鼻子，给人以不耐烦的感觉。这样做是很不礼貌的。

最后，要注意掌握谈话的技巧。

一是话题要适宜，当选择的话题过于专业，或不被众人感兴趣时，应立即止住，而不宜我行我素。二是要善于聆听。只有善于聆听，才能做到双向交流。在聆听中积极反馈是必要的，可适时地点头、微笑或简单重复一下对方谈话的要点。

实训项目一：我的职业形象设计

一、实训概述

【目的及要求】

对于大学生而言，具有良好的仪表至关重要。通过求职应聘训练，培养他们塑造符合职业场合的职业形象的能力，将礼仪规范与日常行为的养成相结合，为顺利进入职场奠定基础。

二、实训内容

【项目背景】

良好的开端意味着成功的一半，大学生在求职应聘中的形象设计非常重要，学会运用礼仪技巧，可以给用人单位留下良好的第一印象。

【训练步骤】
1. 面试形象设计
男士穿西装，打领带，面洁须净；女士化淡妆，穿套裙，系丝巾。
2．模拟面试
应聘岗位：产品营销人员。
具体方法：由一名学生扮演面试主考官，学生上台演示。演示包括站姿、坐姿、走姿和回答问题。
第一步：演示者在教室外站立等候，听到指令，轻敲门步入。
第二步：走到桌前站立。
第三步：向主考官问好。
第四步：双手递上求职信。
第五步：进行1分钟左右的自我介绍。
第六步：选取一种合适的坐姿坐在椅子上。
第七步：回答主考官提出的问题。
第八步：面试结束后，向主考官致谢、道别，退出教室。
3. 师生点评
对求职者的仪容、自我介绍、回答问题分别进行点评，指出其优缺点，并提出改进意见和建议。

实训项目二：介绍、握手、名片礼仪模拟演示

一、实训概述

【目的及要求】
本项目的目的在于掌握介绍、名片递接等动作要领，做到动作准确、姿势优雅。体现出优雅的举止，展示出良好的职业形象。

二、实训内容

【项目背景】
大学生要适应职场，不仅是知识、技能的适应，更重要的是人际关系的适应。在职场中规范使用交往礼仪，可以帮助人们顺利地通往交际的殿堂，可使事业发展顺利。

【训练步骤】
1. 模拟演练
A公司的王经理由于业务关系邀请B公司的李经理（女）在A公司洽谈业务，因此，李经理和她的助手应邀前往A公司。两人到达A公司后，助理为李经理和王经理做介绍，两位经理握手之后互换名片。

2. 具体步骤

学生分组，每个小组3人，分别扮演王经理、李经理和她的助理，每组同学根据设计的情景进行角色演习，展示介绍、握手、名片礼仪。

3. 动作要领

（1）介绍。

身体：自然站立，上体稍微前倾。

双目：先看先称呼的人，再看要介绍的人。

表情：微笑。

手势：五指自然并拢，手心向上，指向要介绍的人。

（2）握手。

身体：上体稍微前倾。

双目：目视对方眼睛。

表情：微笑。

手掌：大拇指自然张开，其余四指自然并拢，手掌垂直于地面，握住对方手掌。

握手要求：力度适中，时长3秒钟左右，同时说"您好"或"很高兴认识您"等。

（3）名片递接。

①递名片。

身体：自然站立，上体稍微前倾。

双目：先看本人名片，再看对方双目。

表情：微笑。

手部：双手轻捏住本人名片的两个角，使名片正面朝上，字对着对方，自然交递出去。同时说："请多多指教。"并轻鞠一躬。

②接名片的规矩。

一接二读三念：双手接过，仔细看名片的内容，同时回鞠一躬，可轻声念出名片中的内容。

放名片的规矩：放入随身携带的名片包、名片夹或上衣内侧口袋中。

4. 师生点评

由老师和学生进行总结评价，评选出"最佳表现组"。